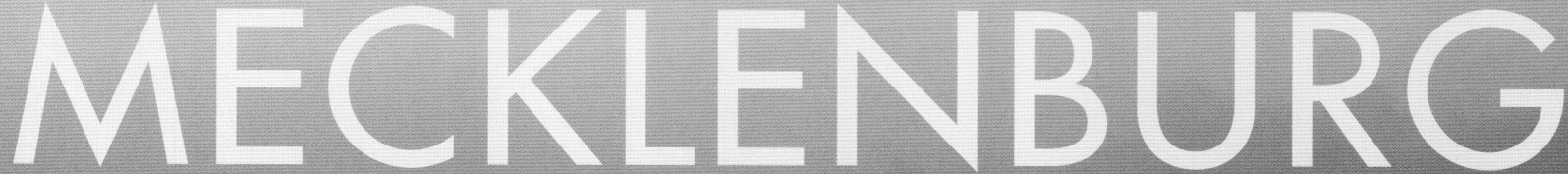

MECKLENBURG
Himmlisch weit

Bernd Siegmund [Text]

Thomas Grundner [Fotos]

HINSTORFF

Der Mecklenburger

Korbmachermeister Wilhelm Bartelmann (1875 – 1930) hat sich auf ewig einen Platz in der Hall of Fame des Tourismus gesichert. Er hat den Strandkorb an der Ostsee populär gemacht. Für die geistige Initialzündung sorgte Elfriede von Maltzahn, eine ältere Dame, die an Rheuma litt. Im Frühjahr 1882 sprach sie in seiner Rostocker Werkstatt vor und beauftragte den Meister, ihr ein ostseesandtaugliches Wetterhäuschen zu bauen, das vor Witterungsunbilden und Blicken schützt. Bartelmann entsann sich dunkel, eine solche Sitzbehausung schon einmal während seiner Lehr- und Wanderjahre gesehen zu haben. Frisch ging er ans Werk, begann zu tüfteln, experimentierte mit diversen Materialien, überprüfte unterschiedlichste Varianten und entwarf schließlich einen überdachten, mit gräulichem Markisenstoff bezogenen Einsitzer aus Weiden und Rohr. Das standhafte Unikum ähnelte einem behaglichen, ein wenig aus der Fasson geratenen Wäschekorb. Er gefiel der Freifrau von Maltzahn.

Bald schon stieg die Nachfrage nach dem spöttisch belächelten „Sitzgut". Der fleißige Konstrukteur kam mit der Produktion kaum hinterher. Trotzdem nahm er sich 1883 erneut des Problems an. In harter Nachtarbeit entwickelte er einen kuschligen Zweisitzer, während seine Gattin, die geschäftstüchtige Elisabeth, in Warnemünde eine der ersten Strandkorbvermietungen der Welt gründete.

Bis heute erfreut sich die eigenwillige „Korbhütte" (Thomas Mann), die sich in Sinn und Form kaum verändert hat, größter Beliebtheit. Ein Strandkorb moderner Provenienz ist allerdings eleganter und farbenfroher als seine Vorfahren. Und mit jenem gewissen Schnickschnack versehen, den wir alle so lieben: Handy-Halter, Gepäckrückhaltenetze, versenkbare Abstellflächen, Safe, Musikanlage, Fußstützen usw. usw.

In einem solchen „Luxusappartement" sitzt man an jedem Strand der Welt in der ersten Reihe. Besonders aber am Warnemünder, denn dort wird einem nebst eben beschriebener Bequemlichkeit ein täglich frisch inszeniertes Sehstück geboten, in dem es vor riesigen Fährschiffen, abgearbeiteten Fischkuttern, Anglern und sportlichen Segelbooten nur so wimmelt. Wenn man sich dann, des optischen Genusses überdrüssig, in die Heimeligkeit seines Sitzhäuschens zurückzieht, ist die Zeit gekommen für ein gutes Buch. Für eines wie dieses beispielsweise. Mit schönen Bildern, Geschichten und Informationen, die alle von einem Landstrich erzählen, bei dessen Erschaffung sich der Herrgott besondere Mühe gegeben haben muss: Mecklenburg.

Wobei die meisten der Eingeborenen, aber das nur nebenbei, den Namen niemals so preußisch exakt wie die Berliner aussprechen würden. Bei ihnen klingt Mecklenburg melodischer, mit einem langgezogenen „e" in der Mitte. Und einem „g" am Ende, aus dem ein palatales, ein tief am Gaumen gesprochenes „ch" wird. Meeeklenburch also.

Land und Leute

Dem Wort wohnt ein Zauber inne. Kaum ausgesprochen, öffnet es sich, und im Kopf entstehen glückliche Bilder aus Erinnerung und Vorfreude. Bilder vom Meer, von weißen Stränden, lachenden Kinderaugen, von gelben Rapsfeldern und blauen Seen, von Hühnergöttern, Hafenkränen und roten Backsteinkirchen. Und dann sind da diese charaktervollen Straßen, die links und rechts von hölzernen Randfiguren bewacht sind.

Licht fällt durch die Blätterpracht der Bäume, deren Äste sich zum grünen Dach geschlossen haben. Es gleicht einem Kirchengewölbe. Die Pferdekutsche wäre das geeignete Gefährt, um auf einer solchen Straße stilvoll durch die Zeit zu reisen. Es bedarf nur einer Prise Fantasie, und schon hören wir den Postkutscher fluchen, hören das Wiehern der Pferde und die eisenbereiften Räder, die über Stock und Stein holpern.

Die Alleen Mecklenburgs sind ein Spiegelbild des vor gut zweihundert Jahren angelegten Straßennetzes. Und eine Zierde der Landschaft. Beinahe die Hälfte der Verkehrsadern stammt aus dem 19. Jahrhundert. Als Handelswege und Heerstraßen boten sie Schutz vor Sonne, Regen und Sturm. Und taten das ihre, um in schneereichen Wintern Reisenden den rechten Weg zu weisen. Abgeguckt haben sich die Mecklenburger die prachtvollen Chausseen von den Franzosen, die ihre Park- und Schlossanlagen um 1800 mit solchen Baumreihen schmückten.

Verwundert stellten nach der Wende bundesdeutsche Beamte fest, dass die wettergegerbten Kastanien, Buchen, Pappeln und Eichen in keine bundesdeutsche Norm passten. Die Bäume hielten sich weder an das amtlich vorgeschriebene „Lichtraumprofil", welches dafür zu sorgen hat, dass die Kronen nicht in den Himmel wachsen, noch ließen sie irgendeine Form von Mindestabstand erkennen. Völlig unangepasst standen sie den schnellen, rassigen Autos im Weg. Folgerichtig sollten sie fallen. Kettensägen marsch!

Was nun geschah, gereicht den Mecklenburgern zur Ehre. Überall flammte Empörung auf, Unterschriften wurden gesammelt, Baumpatenschaften übernommen – und siehe da, Mecklenburgs Alleen blieben am Leben. Heute sind sie sogar per Landesverfassung geschützt. Eine der schönsten führt von Schwerin in ein kleines Dorf bei Wismar. Es heißt Dorf Mecklenburg. Ein geschichtsträchtiger Flecken, in dem offiziell das „schönste Stück Deutschland" (Kalenderblatt-Weisheit) geboren wurde.

In der Nähe des heutigen Dorfes stand vor über tausend Jahren eine große Wasserburg. Nichts als Erinnerung ist von ihr geblieben. Nur den äußeren Wall, den schützenden, den gibt es noch. Er war einst zehn Meter hoch und bis zu 13 Meter breit. In dieser wehrhaften Schanze, die durch Palisaden, Brücken und Türme gesichert war, residierte ein Fürst vom Stamm der Obodriten. Er, sein Volk und andere slawische Stämme (u.a. Lutizen, Polaben, Wagrier, Redarier) hatten es sich um das Jahr 600 herum in den schwer zugänglichen, menschenleeren Gebieten östlich der Elbe bequem gemacht, Dörfer errichtet, Land bestellt, Gerstenbier getrunken, gesät, geerntet, gejagt. Das ging so lange gut, bis die von den Germanen im Zuge der Völkerwanderung verlassene Erde ins Fadenkreuz deutscher Kaiser und Könige geriet. Mit irdischen Heerscharen und Gottes Segen begannen die germanischen Krieger, die slawischen Stämme zu unterwerfen und das Kreuz des Christentums ins heidnische Fleisch zu pflanzen.

Ein Strom von Siedlern ergoss sich in das frisch eroberte Land. Bauern aus Westfalen, Handwerker aus Niedersachsen, Abenteurer aus Flamen, Lebenskünstler, Gaukler, Missionare, sie alle kamen in die norddeutsche Einöde, um Klöster, Städte und Dörfer zu gründen, Kinder zu zeugen, sich eine Zukunft aufzubauen. Ihr Alltag war erfüllt von harter Arbeit und inniger Frömmigkeit. Nach Leibeskräften bemühten sie sich, das widerspenstige Land urbar zu machen, die raue, fischreiche See zu besiegen. Sie lebten zumeist in Frieden mit der slawischen Urbevölkerung, mehrten und mischten sich. Wer fleißig war und zupacken konnte, blieb mit Freuden. Alle anderen gingen davon. Oder unter.

Genau diese deutsche Ostpolitik war es, die eines schönen Tages, wir schreiben das Jahr 995, den sächsischen Kaiser Otto III. (980 – 1002) samt Streitmacht vor die Tore der Wasserburg „spülte". Leider wissen wir nicht, wie der slawische Fürst auf die überraschende Ankunft des erst 15-jährigen Kaiserknaben reagierte. Immerhin endete der Besuch mit einer friedlichen Urkunde, von Otto unterzeichnet, die heute als staatsgründend gilt, da in ihr zum ersten Mal das Wort „Michelenburg" fiel. Im Laufe der Jahrhunderte wurde Mecklenburg daraus. Irgendwann ging der Name auf die gesamte Landschaft über. Folgerichtig wurde 995 zur Geburtsstunde des Landes erklärt und 1995 als runder Geburtstag gefeiert. Tausend Jahre Mecklenburg.

Seltsame und interessante Geschichten stecken in dieser prallen Zahl. Die von Niklot beispielsweise, dessen Reiterstandbild hoch oben in einer

▲ Das Doberaner Münster zählt zu den bedeutendsten Zeugnissen der Backsteingotik in Europa.

Nische des Schweriner Schlosses steht. Er war der einzige Obodtriten-Häuptling, der den Germanen die Stirn bot und 1160 vom Sachsenherzog Heinrich dem Löwen (1129 – 1195) zu Tode befördert wurde. Sein Sohn Pribislaw (gestorben 1178) schwor daraufhin Heinrich nicht Rache, sondern Treue. Er ließ sich taufen, wurde mit der Fürstenehre belehnt und Urahn aller kommenden Geschlechter. Die Niklot-Linie reichte bis ans Ende des Ersten Weltkrieges 1918. Hinter der Jahreszahl 1160 steht auch der Name einer Stadt: Schwerin wurde gegründet. 1179 kam es zum letzten Slawenaufstand, 1229 zerfiel das Land in vier Teile, 1363 nahm jene unglückliche Episode ihren Lauf, in der Herzog Albrecht III. (gestorben 1412) König von Schweden wurde. Der Ausflug in die „Weltpolitik" endete 1389 für den armen Albrecht im Verlies von Schloss Lindholm, in das die Königin von Dänemark und Norwegen ihn warf. 1419 gründeten kluge Menschen die Universität Rostock, von 1627 bis 1631 wüteten Wallensteins Truppen durchs Land, 1753 hob ein gewisser Conrad Ekhof (1720 – 1778), der schon zu Lebzeiten einen Ruf als „Vater der deutschen Schauspielkunst" genoss, in Schwerin die erste deutsche Schauspielerakademie aus der Taufe. 16 Jahre später verbot das Land die Folter. Von 1806 bis 1813 fühlten sich die Franzosen in Mecklenburg wie zu Hause und 1816 verblüffte Ferdinand von Maltzan „die Welt" mit der unerhörten Tatsache, dass er auf seinem Besitz die Leibeigenschaft aufhob. Erst vier Jahre später folgte per Gesetzeskraft das Gros der Rittergutbesitzer. Viele der nun herrenlosen Bauern waren dabei, als 1827 die erste Chaussee im Herzogtum gebaut wurde. Den Ablauf des Pfandvertrages mit Schweden sowie die vollständige Rückkehr Wismars in mecklenburgischen Besitz feierte man im Jahre 1903. Und 1918 schließlich änderte sich mit der Novemberrevolution für immer der Aggregatzustand des Landes: Mecklenburg wurde Republik. Alle Versuche, den adligen Häuptern Bestandsschutz zu gewähren, verliefen im Ostseesand.

So mancher Historiker wird nun die Stirn runzeln und das Fehlen wichtiger Daten monieren. So die 3. Hauptteilung des Landes in Mecklenburg-Strelitz und Mecklenburg-Schwerin 1701, die Schlacht bei Falköping 1389 oder den Wendenfeldzug 1147. Doch wir erlauben uns, darauf hinzuweisen, dass wir ein bescheidenes Buch mit bunten Bildern, viel Gefühl und Heimatliebe sind. Und uns damit in bester Gesellschaft wissen.

Auch der Volksdichter Fritz Reuter gab sich seiner Heimat mit Vergnügen hin. Frank und frei verlegte er in „De Urgeschicht von Meckelnborg" das Paradies nach Norddeutschland. Bei ihm reicht es von der Ostsee bis tief ins himmlisch weite Bauernland mit seinen alten Dörfern, stillen Wäldern und Seen. „As uns' Herrgott de Welt erschaffen ded, fung hei bi Meckelnborg an, un tworsten von de Ostseesid her, un makte dat eigenhändig fahrig, up de ein Sid bet Ratzeborg un Swerin, up de anner Sid bet Stemhagen und Bramborg ..." Mecklenburg als Mittelpunkt der Welt.

Am siebten Tag war das Werk vollbracht. Der liebe Gott ließ sich zufrieden in seinen Wolkensessel fallen und warf noch einmal einen Blick auf „sein" Mecklenburg. Was er sah, gefiel ihm. Mit leichter Hand korrigierte er die Uferlinie der Ostsee und räumte einige Hügel weg, die zu hoch geraten waren. Er wollte nicht, dass Berge die Sicht auf die Schönheit verstellen. Das ist der Grund, warum Mecklenburg so platt geraten ist. Heute sind nicht nur Fahrradfahrer ob dieses Umstandes begeistert.

Die Schönheit des norddeutschen Mikrokosmos schmeichelt der mecklenburgischen Seele. Gern würde der hier Geborene seinen Stolz darüber in die Welt hinausschreien, doch sein stiller, feiner Charakter verbietet ihm das. Mit Bedacht überlässt er es berufeneren Männern und Frauen, Ehre fürs Heimatland einzulegen. Zum Beispiel Heinrich von Thünen (1783 – 1850), dessen Ruhm als Agrarwissenschaftler bis nach Japan und in die USA reichte. Noch bekannter in der Welt wurde der Altertumsforscher Heinrich Schliemann (1822 – 1890), der Troja entdeckte. Der Augenarzt Ernst Alban (1791 – 1856) aus Neubrandenburg erfand die Hochdruckdampfmaschine, Rudolf Karstadt (1856 – 1944) aus Grevesmühlen gründete die Karstadt-Warenhäuser, der Friedländer Wilhelm Sauer (1831 – 1916) ging als einer der größten Orgelbauer in die Geschichte ein, Friedrich von Flotow (1812 – 1883) schenkte der Welt die Oper „Martha", der geniale Bildhauer Ernst Barlach (1870 – 1938) schuf Werke von Weltrang und begehrte Zeit seines Lebens nichts anderes als „schlecht und recht Künstler zu sein". Alexander Behm (1880 – 1952), geboren in Sternberg, erfand das Echolot. Und dann ist da Fritz Reuter (1810 – 1874) aus Stavenhagen, der „Nationaldichter", der, von Erde und Meer geprägt, seiner Heimat sehr ähnlich war. Tief verwurzelt in der mecklenburgischen Scholle, besaß er einen herben, humorvollen Charme. „Dr. Fritz Reuter, morgens nicht zu sprechen!", stand an der Tür seines Arbeitszimmers. Die Werke des Mundartdichters wurden in fast alle europäischen Sprachen übersetzt. Selbst auf Japanisch kann man plattdeutsch lesen.

Sie alle und noch viel mehr haben den Ruhm Mecklenburgs in die Welt hinaus getragen, die Schönheit des Landes gemalt und besungen. Modelliert aber wurde es in der Kältekammer der Eiszeit.

Ein riesiger, bis zu 1 000 Meter starker Gletscher legte sich vor rund 115 000 Jahren von Skandinavien kommend übers Land. Als das Eis vor etwa 10 000 Jahren endlich zu tauen begann, brachen aus dem Gletscher Flüsse hervor, frästen Urstromtäler in die Landschaft, Sümpfe bildeten sich und Seen. Die gewaltigen Erd- und Geröllmassen, die der Eisstrom auf seiner Wanderung aufgesammelt hatte, blieben als Grund-, Seiten- und Endmoränen liegen. Bald wanderten erste Menschen durch die bizarre Erdenszenerie, die Jäger und Sammler folgten den Rentierherden. Um 3000 vor Christus, die Archäologen sprechen von der Jüngeren Steinzeit, wurden unsere Vorfahren des ewigen Herumziehens müde. Sie bauten sich Hütten, gründeten Dörfer und betrieben Ackerbau und Viehzucht. Fundstücke in verschiedenen archäologischen Sammelstellen belegen, dass die Passagiere der Steinzeit schon moderne Werkzeuge besaßen und für ihre Toten Gräber in Großblockbauweise errichteten. Bis weit in unsere Zeit hinein hielt sich die Vorstellung, Riesen hätten diese Grabanlagen errichtet, deshalb der Name „Hünengräber". Dass viele der Bodendenkmale noch heute gut erhalten sind, verdanken wir u.a. dem mecklenburgischen Großherzog Friedrich Franz I. (1756–1837), der seinen Bürgern verbot, „die heidnischen Gräber" zu plündern.

Im wildromantischen Tal der Warnow, nahe der kleinen Stadt Bützow, liegen gut erhalten die Großsteingräber von Katelbogen und Qualitz. In der Steinaufschichtung von Katelbogen, die man erst 1966 entdeckte, fanden neugierige Wissenschaftler Reste von mindestens vierzig Gefäßen, zahlreiche Pfeilspitzen, Feuersteinbeile, Klingen und Bernsteinperlen.

Ein besonderes Denkmal der Frühgeschichte ist der Steintanz im nahen [Boitin](). Wie Sendboten aus dem Weltall stehen bis zu 1,6 Meter hohe Menhire kreisförmig zwischen alten Buchen. Keiner weiß, wie sie dort hingekommen sind, wer sie aufgestellt hat, was sie zu bedeuten haben. Die Expertenmeinungen schwanken zwischen Kultstätte aus vorrömischer Zeit und steinzeitlicher Sternwarte. Eine Sage rankt sich um die Entstehung der vier Steinkreise. Vor langer Zeit soll hier eine prächtige Hochzeit stattgefunden haben. Als die Feier in vollem Gange war, begannen einige Bauern in ihrem Übermut, mit Schwarzbroten, Knackwürsten, Apfelkuchen und anderen Lebensmitteln zu spielen. Da tauchte plötzlich aus dem Nichts ein alter Mann auf und bat mit donnernder Stimme, den Frevel zu beenden. Als die Bauern den sonderbaren Alten verspotteten, hob er wütend die Arme und alles erstarrte zu Stein. Selbst der Brautschatz. Wie es heißt, kann nur ein mutiger Jüngling in der Johannisnacht (24. Juni) die Hochzeitsgesellschaft erlösen. Bis heute hat sich keiner gefunden.

So ungewöhnlich wie der Boitiner Steintanz ist auch das zwanzig Kilometer entfernte Tal der Nebel bei Serrahn. Der Fluss, einer der artenreichsten und saubersten in Mecklenburg, rauscht wie ein Gebirgsbach durch das stille Tal. An seinem Ufer stehen hoffnungsvoll die Angler. So mancher Fang, sagen sie, passt nur geviertelt in die Pfanne. Da die Mecklenburger nie zur Übertreibung neigen, wird's wohl stimmen …

Nicht ohne Grund sagt man ihnen nach, bescheiden, heimatverbunden, eigensinnig, freundlich und ein wenig maulfaul zu sein. Hier oben im Norden überstürzt man nichts. Was einmal als richtig erkannt ist, wird hartnäckig befördert und mit unerschütterlichem Langmut verteidigt. Manche sagen Sturheit dazu. Wie hatte doch „uns Fritzing" Reuter in seiner „Mecklenborgschen Verfassung" geschrieben:

§ 1
Allens bliewt bi'n Ollen.
§ 2
Ännert wart nicks.
§ 3
Ännert sick wat, tritt § 1 in Kraft.

Auf genau diese Zustände zielte der berühmte Satz, den Reichskanzler von Bismarck (1815–1898) gesagt haben soll. „Wenn eines Tages die Welt untergeht, ziehe ich nach Mecklenburg. Dort passiert alles hundert Jahre später."

Aber selbst auf eine solche Kernaussage ist heutzutage kein Verlass mehr, wie die Ereignisse um die revolutionäre Kehrtwende 1990 beweisen. Bismarck hätte „seine" Mecklenbürger nicht wiedererkannt. Mit Feuereifer und Mut kämpften sie gegen die verknöcherte DDR, stritten für Glasnost und Perestroika. Aus ihrem Munde klangen die russischen Wörter wie feinste Mecklenburger Spezialitäten. Dabei ging es um ganz handfeste Dinge. Um die Abschaffung der Bezirke Schwerin, Rostock und Neubrandenburg etwa, die in fast vierzig Jahren geschichtslos geblieben waren. Man wollte endlich wieder Mecklenburger sein! Mit Haut und Haaren. Und einem eigenen Staat. Klein aber fein.

Daraus wurde nichts. Das 16 424 Quadratkilometer große Mecklenburg musste sich 1990 aus administrativen Gründen ein Haus mit der kleineren benachbarten Landmasse teilen, dem schönen „Inselreich" Vorpommern. Aus zwei territorialen Filetstücken entstand so das neue Bundesland Mecklenburg-Vorpommern. Oder, wie der Volksmund das Gebilde respektlos nennt: MeckPom. Ein Land mit zwei Biografien, einer Regierung, zwei Wappen und einem Willen. Der rote Greif, der „Gripen", wacht über Vorpommern. Der schwarze Stierschädel, der „Ossenkopp", steht für das schöne Mecklenburg. Natürlich liegt es uns fern, dem Stier Vorhaltungen machen zu wollen. Immerhin verkörpert er als Wappentier so staatstragende Werte wie „zupackende Stärke" und „Vorwärtsdrang". Aber ist er sich wirklich der Verantwortung bewusst, die er trägt? Man muss es bezweifeln angesichts der Tatsache, dass er jeden seiner offiziellen Auftritte dazu nutzt, Freund und Feind die Zunge herauszustrecken.

Wirtschaftlich gesehen ist Mecklenburg ein Zauberland. Viele der Bürger leben vom Nichtstun all jener, die einmal im Jahr ihr wohlverdientes Grundrecht auf Faulheit wahrnehmen – und Urlaub in Mecklenburg machen. Ob am Ostseestrand, auf der mecklenburgischen Seenplatte oder in einem der wunderschönen Schlosshotels, Herrenhäuser oder Gutshöfe, die so typisch sind für die Region. Die Urlaubsfaulen lassen eine Menge Geld im Land. Es ist gut investiert, da sich im Gegenzug eine große Armee dienstbarer Geister auf sie stürzt. Die Angehörigen dieser Truppe kennen nur ein Ziel, den Gast mit Freundlichkeit und Charme zu entwaffnen.

Viel Geld wurde in den letzten zwanzig Jahren in die touristische Infrastruktur gesteckt, in erstklassige Hotels, Strandpromenaden, Radwanderwege, Sportboothäfen oder attraktive Museen wie das Müritzeum in Waren, das Archäologische Freilichtmuseum Groß Raden, die weltberühmten Ernst-Barlach-Gedenkstätten in Güstrow. Einen festen Ankerplatz im touristischen Kalender Mecklenburgs hat die Hanse Sail, die jährlich im August mit hunderten von Groß- und Kleinseglern an jene glanzvollen Tage erinnert, da in Rostock die größte Flotte der Ostsee lag. Sonnenstrände, unberührte Natur, Heilbäder, Seeheilbäder, Luftkurorte, der Tourismus ist eine Großindustrie, die das Zeug zum Riesen hat. Aber auch ein Riese besitzt nur zwei Hände. Doch es sind mehr vonnöten, um den Mecklenburgern Lohn, Brot und Zukunft zu sichern.

Das Land ist dabei, sich wirtschaftlich neu zu erfinden. Mit Einfallsreichtum und dem Willen, couragiert um die Ecke zu denken. Lauter kluge Leute arbeiten daran, der Zukunft ein Gesicht zu geben. Investiert wird in luftige Windparks und andere erneuerbare Energieanlagen, in die Ernährungsgüterwirtschaft, die Gesundheitswirtschaft nebst Wellness-Industrie, in intelligente Biotechnologien, Logistik und maritime Wirtschaftszweige. Ein Leuchtturm in der industriellen Landschaft ist die Mecklenburger Metallguss GmbH in Waren, die die größten Schiffspropeller der Welt herstellt. Auch Rostock sitzt wie eine Spinne im weltweiten Transsportnetz und ist eine feste Größe in der internationalen Logistikbranche geworden. Und die Hansestadt Wismar macht als Holzkompetenzzentrum europäischen Ausmaßes von sich reden. Überall wird geforscht und nachgedacht. An der Universität Rostock, den Fachhochschulen in Wismar und Neubrandenburg, in den zahlreichen Gehirntrusts der Region.

Auch die Landwirtschaft hat eine Zukunft. Mecklenburg war und ist ein Agrarland. Schon 1556 pries der Gelehrte Sebastian Münster das „sehr fruchtbare, korn-, holz- und fischreiche Land, voll Viehs und Wildbrets". Wir würden uns sehr wundern, wenn plötzlich auf den grünen, satten Weideflächen keine Pferde und Rinder mehr ständen, die weiten, sonnengelben Felder verdorrt, die Blumen verblüht wären und die Vögel aufhören würden zu singen. Ohne Bienen, Mücken, Käfer und Libellen wären auch die so zukunftssicheren Zukunftsbranchen ohne Zukunft, denn Mecklenburg hätte aufgehört, Mecklenburg zu sein. – Beruhigt ob der Gewissheit, das dieses Szenario ins Reich der Fantasie gehört, beginnen wir unsere kleine Rundreise durch Mecklenburg in der Hauptstadt des Landes.

Die großen Städte

Schwerin, die alte, 1160 von Heinrich dem Löwen gegründete kleine Großstadt, liegt reizvoll zwischen sieben Seen. Selbst an heißen Tagen weht eine erfrischende Brise durch die Straßen. Besonders beliebt bei den Schwerinern ist der Papendiek, der Pfaffenteich, den sie oft und gern mit der Hamburger Binnenalster vergleichen. 1610 Meter beträgt die in Granit gefasste Umrandung des Gewässers. Vermessen haben soll sie ein Postbote mit dem Dienstfahrrad. Bewiesen ist das nicht. Wohl aber, dass Großherzog Friedrich Franz II. (1823–1883) den Einfall mit dem Granit hatte. Über 150

▲ Auch heute noch ist Mecklenburg ein Land, das stark von der Landwirtschaft geprägt wird – wie hier unweit von Satow.

Jahre ist das nun her, da wurden Holzpfähle in den Boden gerammt und steinerne Blöcke darauf gesetzt. Seither hat der Teich nie mehr seine Fassung verloren. Genauso wenig wie die Schweriner Bevölkerung.

Die kleinste, vielleicht auch schönste Hauptstadt eines Bundeslandes ist geprägt von Wasser und vom Schinkel-Schüler Georg Adolph Demmler (1804–1886). Er gab der Stadt das Gesicht. Von ihm stammen solch berühmte Häuser wie das Kollegiengebäude (1834), in dem der jeweils amtierende Ministerpräsident residiert, das Altstädtische Rathaus (1835), hinter dessen schöner Fassade sich vier barocke Fachwerkhäuser und der Marstall (1844) verbergen. Demmlers Meisterstück aber ist das Schloss, das Wahrzeichen Schwerins. Man kommt aus dem Staunen nicht heraus, so verspielt, üppig und fantasievoll zeigt sich das edle Palais. Einem Märchenschloss gleich „schwimmt" es auf einer Insel im Schweriner See. Es besitzt so viele Türme und Türmchen, wie das Jahr Tage hat. Die Sandstein-Fassade ist reich verziert, eitel spiegelt sich die Sonne in den goldgeschmückten Dächern. Aus leuchtenden Augen blicken die Touristen auf das anmutige Wunder. Besonders die Japaner und Amerikaner sind immer wieder hell begeistert. Ja, so haben sie sich Deutschland vorgestellt. Aus diesem Schloss wird seit 1990 das Bundesland Mecklenburg-Vorpommern regiert.

Auch Rostock hat sich nach der Wende um diese Ehre beworben, unterlag aber im neuen Pflichtfach Demokratie. Für die einzige echte Großstadt Mecklenburgs (rund 200 000 Einwohner) war das eine ungewohnte Niederlage. Dem Selbstbewusstsein der Hansestädter konnte sie allerdings nichts anhaben.

„Es ist das Meer, das Rostock etwas von seiner Kraft und Freiheit in die Wiege spritzte, das Meer, das von den Bürgern Verwegenheit verlangte und ihnen Reichtum dafür gab", schrieb die Schriftstellerin Ricarda Huch (1864–1947). Daran hat sich nichts geändert. Der geschäftige Hafen ist immer noch Umschlagplatz für Waren und Personen ins Baltikum und nach Skandinavien.

Wie ein guter Geist wacht die berühmte Marienkirche über die Stadt und ihre Bürger, über Rathaus und Kröpeliner Tor, über das Kloster zum Heiligen Kreuz und den Universitätsplatz. Die Zerstörungen des letzten Weltkrieges allerdings hat auch sie nicht verhindern können.

Die Baugeschichte der Kirche ging über gut zwei Jahrhunderte. 1230 begonnen, erhielt Sankt Marien erst 1452 ihre endgültige Gestalt. Das Innere des Gotteshauses birgt zahlreiche Kunstschätze. So den bronzenen Taufkessel von 1290, die prachtvolle Barockorgel von 1770 und die kunstvolle astronomische Uhr (1379/1472) mit einem gültigem Kalendarium bis zum Jahre 2047. Die bunten Glasfenster über der Kapelle hat der Rostocker Siegmund Mann (1687–1772) gestiftet. Er ist Ahnherr jener berühmten Familie, von der es drei Zweige gab, die Rostocker, die Wismarer und die Lübecker Manns mit den Dichtern Heinrich und Thomas Mann an der Spitze.

Aus drei Siedlungen, gruppiert um die Petrikirche, die Marienkirche und die Jakobikirche, die im Jahr 1960 abgerissen wurde, wuchs Rostock von 1218 an zu machtvoller Größe. Obwohl der letzte Krieg tiefe Wunden geschlagen hat, ist die Universitäts- und Handelsstadt noch heute schön. Das Steintor aus dem 16. Jahrhundert, das eindrucksvolle Patrizierhaus (15. Jahrhundert) von Bürgermeister Kerkhoff, das Rathaus aus dem 13. Jahrhundert, die Kröpeliner Straße, von Bürgerhäusern verschiedener Epochen gesäumt, der Universitätsplatz mit dem Brunnen der Lebensfreude (1980) von Jo Jastram und Reinhard Dietrich, viel gibt es zu entdecken.

Auch in Warnemünde, dem kleinen Satelliten der großen Stadt. 1323 wurde die Gemeinde von Rostock aufgekauft. Die klugen Ratsherrn sicherten so ihren Handelsschiffen den freien Zugang zum Meer. Ein geheimnisvoller Zauber geht von dem kleinen Städtchen aus, der selbst auf Menschen wirkt, die es eilig haben. Wie angewurzelt bleiben sie stehen, schauen den Fischern zu, den kreischenden Möwen, den dickbauchigen Kuttern und den Segelbooten, die ihre Masten sanft im Wind schaukeln. Die Kapitäns- und Fischerhäuser am Alten Strom haben in den letzten Jahren ordentlich viel Farbe abbekommen, neue Hotels wurden gebaut, vorhandene modernisiert. Elegant herausgeputzt zeigen sich die Boutiquen des Seebades, neue Cafés sind entstanden, urige Kneipen, kleine Geschäfte und Eisdielen.

Mit weltmännischer Gelassenheit flanieren die Gäste über die 530 Meter lange Westmole, beobachten die ein- und auslaufenden Schiffe. Zum festen Ritual gehört seit vielen Jahren ein Besuch im „Teepott" (Neubau von 1968), der in guter Nachbarschaft zum 32 Meter hohen Leuchtturm (1897/98) lebt. Das 1200 Quadratmeter große, hyperbolisch geformte Dach gibt dem gastronomischen Allzwecktempel (Bar, Café, Restaurant, Museum) ein schiefes, ovales Gesicht, das längst zum Wahrzeichen Warnemündes avanciert ist.

Eine frische Brise vom Meer treibt uns ins Landesinnere, Neubrandenburg steht auf dem Plan. Jede Stadt, die etwas auf sich hält, hat ihr Original. Neubrandenburg kann für sich in Anspruch nehmen, ein blaublütiges zu besitzen: „Dörchläuchting", seine Durchlaucht Adolf Friedrich IV., von 1752 bis 1794 Großherzog des Kleinstaates Mecklenburg-Strelitz. Nicht als weiser Staatenlenker ging er in die Geschichte ein, sondern als Pump-Genie. Heimatdichter Fritz Reuter, der von 1856 bis 1863 in Neubrandenburg lebte, widmete „Dörchläuchting" den gleichnamigen Roman. Darin schildert er, wie der Großherzog seine Konten bei der Bank so weit überzog, dass er nicht einmal mehr seine Brötchenrechnung bei „Mudder Schulten", der Bäckersfrau, zahlen konnte. Andererseits wurde in seiner Regierungszeit so viel Schönes gebaut wir nie zuvor. Und nie danach.

Neubrandenburg, traumhaft gelegen am klaren, fischreichen Tollensesee, wurde 1248 vom Markgrafen Johann von Brandenburg gegründet. Man sieht der Stadt die wehrhafte Vergangenheit noch heute an. Einzigartig ist die 2,3 Kilometer lange Festungsmauer. Wie Vogelnester sitzen Wiekhäuser auf ihr. Sie dienten in Zeiten des Krieges der Verteidigung. 57 dieser eigenwilligen Behausungen soll es einmal gegeben haben. 25 sind wieder errichtet, 23 in der alten Fachwerkbauweise, zwei als historische Wehrtürme. Heute logieren Vereine, Werkstätten, Kneipen und Geschäfte in ihnen. Sicher umschließt die Festungsmauer die historische Stadtmitte beziehungsweise das, was von ihr übrig blieb. Kurz vor Ende des 2. Weltkrieges wurden 85 Prozent der Altstadt zerstört. Lediglich zwei Straßen blieben verschont. Wer wissen möchte, wie Neubrandenburg einmal ausgesehen hat: Die Erinnerung wohnt in der Wollweberstraße und in der Pfaffenstraße.

Da, wo einst die alten Handelswege auf die Stadtmauer trafen, wird sie unterbrochen von den „Haustüren" der Stadt. Die vier Backsteintore sind von beeindruckender Schönheit. Jede der Anlagen bildete ein mehrfaches Hindernis für den Feind. Vor- und Haupttor waren jeweils durch Fallgitter und Bohlen verriegelt, an der Feldseite sicherten ein bis zwei Wassergräben mit Zugbrücken den Eingang. Das Friedländer Tor im Nordosten ist das älteste. Der zweigeschossige Turm trägt noch Spuren der Romanik und dürfte nur wenig nach 1300 erbaut worden sein. Das Stargarder Tor bewacht den südlichen Zugang der Stadt. Ein großes Rätsel geben die neun lebensgroßen Frauenfiguren auf, die in den Nischen des stadtseitigen Giebels stehen. Kopf, Füße und Hände sind aus Terrakotta, ihr Leib ist aus gebranntem Stein. Weiß gekleidet, mit erhobenen Händen, so stehen sie da. Segnen sie die Stadt, oder wehren sie eine Gefahr ab? Bis heute weiß das keiner sicher zu sagen. Auch im Neuen Tor, das Ende des 15. Jahrhunderts im Osten gebaut wurde, bilden acht weibliche Figuren aus gebranntem Ton den Blickfang. Das vierte Tor, das Treptower (um 1400), ist der repräsentativste Eingang, den Neubrandenburg hat. Es beherbergt das Museum für Ur- und Frühgeschichte der Region.

Die Seebäder

Nur 20 Kilometer östlich von Rostock liegt das Ostseeheilbad Graal-Müritz. Der Strand hier ist ein langer weißer Streifen, der auf der einen Seite von der blauen See begrenzt wird, auf der anderen von Deutschlands größtem zusammenhängenden Küstenwald. Dieses direkte Aufeinandertreffen erzeugt ein lungenfreundliches Mikroklima, das dem Ort, der aus den Fischerdörfern Graal und Müritz zusammenwuchs, 1950 den Titel Seeheilbad einbrachte. Stolz sind die Graal-Müritzer auf die 350 Meter lange Seebrücke, auf ihren denkmalgeschützten Rhododendronpark sowie auf das 275 Hektar große, geheimnisvolle Regenhochmoor, einem in Norddeutschland einmaligen Naturreservat.

Wir verlassen den hübschen Ort, um an Rostock vorbei dem ältesten und bedeutendsten Kloster Mecklenburgs einen Besuch abzustatten, Bad Doberan.

Das riesige, 1368 geweihte Münster, hat wahrhaft göttliches Format. Es zählt zu den schönsten Bauwerken mittelalterlicher Backsteingotik im Ostseeraum. Als hätten die Pfeiler, Türme und Giebel aus gebackenem Stein eine Seele, so verändern Licht und Schatten die kreuzförmige Basilika.

Im Jahre 1186 wurde das Kloster am heutigen Ort gegründet, nachdem ein erstes Gotteshaus (1171) von den Slawen zerstört worden war. Um 1270 begannen die Mönche, die Kirche zu bauen. Über 5 Millionen Backsteine wurden verarbeitet. Unter dem Kreuzgewölbe stehen 24 Pfeiler, die eine Höhe von 26 Metern erreichen. Es braucht fünf Erwachsene, um eine Säule zu umfassen. Anstelle des Westturms als Symbol der Macht setzten die Zisterzienser ein großes Fenster. Es macht den Innenraum licht und weit.

In Europa gibt es keine zweite Zisterzienserkirche, die mehr Ursprüngliches aus gotischer Zeit enthält. Allen strengen Regeln der Zisterzienser zum Trotz, die Schlichtheit predigten, trägt die reiche künstlerische Ausstattung zum Ruhm des Doberaner Münsters bei. Glanzstücke sind u.a. das 1370 geschnitzte Sakramentshaus, ein Hochaltar um 1310, eine Marienleuchte und der doppelseitige Kreuzaltar (um 1368) mit dem 15 Meter hohen Kruzifix. Mindestens 56 Mitglieder des Hochadels liegen hier begraben.

Das Münster mit seinen gut erhaltenen Klostermauern ist von einem schönen Landschaftspark umgeben. Ein kleiner Fluss, der Doberbach, windet sich durchs Gelände. An seinem Ufer steht eine Stele mit dem Wappentier der Stadt, dem Schwan. Der Vogel, um den sich eine Legende rankt, trägt eine Engelskrone um den Hals. Eines schönen Tages, so erzählt man sich, ging Fürst Borwin I. zur Jagd, um einen geeigneten Platz für ein neues Kloster zu finden. Dort, wo er den ersten Hirsch erlegen würde, so sagte ihm eine innere Stimme, sollte der richtige Ort sein. Kaum war Borwin mit seinem Gefolge im Wald, da begegnete ihm auch schon ein kapitaler Hirsch. Der Fürst riss einen Pfeil aus dem Köcher, spannte den Bogen, zielte und traf. Das Tier zuckte zusammen und flüchtete. Auf einer morastigen Lichtung brach es tot zusammen. Für den Bau eines Klosters war der Ort denkbar ungeeignet. Unschlüssig stand der Fürst und zweifelte. Plötzlich flog aus dem nahen Schilf ein Schwan auf und krächzte „dobre, dobre". Das slawische Wort für „gut". Borwin begriff, dass ihm Gott ein Zeichen gegeben hatte. Also wies er den Zisterziensern diesen „guten Ort" zu. So entstand das Kloster Doberan. Und mit ihm wuchs die Stadt. – Eine schöne Geschichte, die wahrscheinlich, wie die meisten schönen Geschichten, nicht wahr ist.

Wahr dagegen und sehr lebendig ist „Molli", die sympathische kleine Dampfeisenbahn, die mehrmals am Tage durch die Straßen der Stadt schnauft, um Fahrgäste nach Heiligendamm und Kühlungsborn zu bringen.

Heiligendamm, der mondäne Ortsteil von Bad Doberan, wurde 1793 von Herzog Friedrich Franz I. auf Anraten seines Leibarztes Samuel Gottlieb Vogel gegründet. Auf ewig genießt die Stadt den Ruhm, das erste Seebad Deutschlands zu sein. Die weißverputzten klassizistischen Häuser am zentralen Kurplatz gaben einst den feudalen Badegästen den passenden Rahmen. Herzstück der Anlage ist das Kurhaus mit der Säulenvorhalle (1816) und das noble Grandhotel.

Während Heiligendamm die „weiße Stadt am Meer" genannt wird, ist Kühlungsborn die „grüne Stadt am Meer". Das mit rund 13 000 Ferienbetten größte Ostseebad Mecklenburgs entstand 1938 aus den drei Fischerdörfern Fulgen, Brunshaupten und Arendsee. Der Name Kühlungsborn meint nicht etwa die kühle See, sondern das bewaldete Hügelland Kühlung. Hauptanziehungspunkte sind der vier Kilometer lange Strand, die Strandpromenade und der Leuchtturm (1878) im nahen Ort Bastorf. Das bedeutendste Baudenkmal Kühlungsborns ist die spätgotische Pfarrkirche in Brunshaupten. Seit 1991 besitzt Kühlungsborn wieder eine Seebrücke. Für Wanderer ist das Endmoränengebiet der Kühlung zu allen Jahreszeiten ein lohnendes Ziel.

Nur einen Katzensprung entfernt liegt zwischen Salzhaff und Ostsee der kleine Badeort Rerik. Er wurde erstmals 1267 als Gaarz (slaw. Burg) erwähnt und befand sich im Besitz von Neukloster. 1870 begann der Badebetrieb. 1938 erhielt der Ort Stadtrecht und den Namen Rerik, da man annahm, das berühmte frühmittelalterliche Handelszentrum „Reric" gefunden zu haben. Obwohl sich das als Irrtum erwies, ist die Reriker Gegend altes Siedlungsland, wie mehrere Großsteingräber bei Meschendorf und Neu Gaarz bezeugen. Sehenswert ist die dreischiffige Hallenkirche aus dem Jahre 1250. Das Innere ist wundervoll bemalt mit Engelsfiguren und Apostelgestalten (1668). Jüngste Sehenswürdigkeit ist die 1992 erbaute Seebrücke.

Weiter geht es in Richtung Westen, zur Insel Poel. Poel bedeutet flaches Land. So nannten die Slawen die mit 37 Quadratkilometern größte Insel Mecklenburgs. Poel ist mit seinen reetgedeckten Häusern, den Blumenwiesen, Viehweiden und schaukelnden Fischerbooten ein stilles Fleckchen Erde. Der Hauptort ist Kirchdorf. Hoch ragt der Turm der gotischen Kirche (13. Jahrhundert) in den Himmel. Naturliebhaber schätzen an der Insel die flach abfallenden Sandstrände mit meist ruhigem Wasser und die schroffromantische Steilküste. Fast scheint es, als wäre Poel aus der Zeit gefallen, so ruhig und beschaulich geht es hier zu. Eine richtige Insel ist sie allerdings schon seit 1760 nicht mehr. Damals wurde Poel durch einen Damm mit dem Festland verbunden. Der Weg führt direkt nach Wismar.

Durch das Wassertor, das einzig lebendige von ehemals fünf Toren, gelangt man zum alten Hafen. Hier riecht es nach Meer und Brackwasser,

▲ Der Leuchtturm Bastorf nahe Rerik stellt das höchst gelegene Leuchtfeuer an Deutschlands Küsten dar. Selbst nur 20,8 Meter aufweisend, tragen vor allem die etwa 78 Meter Geländehöhe auf dem Buk zu diesem Spitzenwert bei.

nach Fisch und Schmieröl. Noch immer geht eine Faszination von den Speichern aus, von den Kuttern und Seglern. Am alten Hafen ist die Romantik der Hansestadt zum Greifen nah.

Nicht weit entfernt davon liegt der riesige Marktplatz in der Sonne. Er ist mit seinen 10 000 Quadratmetern der größte Norddeutschlands. Größe bedeutete Macht. Und mächtig war Wismar im Mittelalter. Kaufleute aus Lübeck hatten irgendwann zwischen 1225 und 1230 die Stadt gegründet. Das genaue Datum ist in den Tiefen der Geschichte untergegangen. Die Größe des Marktes wurde erst gebändigt, als man begann, seine Westseite zu bebauen. Um den Platz herum stehen wunderschöne Bürgerhäuser. Das breit angelegte klassizistische Rathaus (1817–19) des herzoglichen Baumeisters Johann Georg Barca (1781–1826) nimmt die Nordseite ein. Im Reuterhaus an der Ostseite richtete Carl Hinstorff, Mecklenburgs bekanntester Verleger, 1849 eine Buchhandlung ein. Der Backsteinbau daneben, der „Alte Schwede", ist das älteste Bürgerhaus der Stadt. Dunkel glasierte Ziegelsteine umrahmen das Portal, die Fenster und Blendbögen. Im Erdgeschoss befanden sich die Wohn- und Geschäftsräume, darüber hatte das Lager Platz. Besonders schön zeigt sich der Giebel des Hauses. Er ist das Statussymbol eines hanseatischen Patriziers, sein Mercedes-Stern sozusagen, der den Blick des Betrachters auf jenen Teil des Gebäudes lenkte, der die Schätze barg: den Speicher. Erst 1878, als hier eine Gastwirtschaft einzog, erhielt das Haus den Namen „Alter Schwede". Eine späte Verbeugung vor der Besatzungsmacht. Von 1648 bis 1803 hatten die Schweden in Wismar das Sagen.

Ein eigenartiger Pavillon mit grünem, schön geschwungenem Kupferdach steht an der südöstlichen Ecke des Marktes und zieht die Blicke der Touristen auf sich: die „Wasserkunst". Im Jahre 1579 erhielt der niederländische Baumeister Philipp Brandin (um 1535–1594) von der Stadt den ehrenvollen Auftrag, ein Leitungssystem so sinnvoll zu entwerfen, dass 200 Bürgerhäuser mit klarem Quellwasser versorgt werden konnten. Über 20 Jahre dauerte die Verwirklichung des Plans. 1602 endlich, Brandin war inzwischen verstorben, floss das erste Wasser durch Holzröhren zum Markt. Von hier aus wurde es auf die einzelnen Straßen und Häuser verteilt. Ein „Kunstmeister" war dafür zuständig. Von seinem Wohlwollen hing ab, wer wann wie viel Wasser erhielt. Wahrscheinlich wurde damals das Trinkgeld erfunden. In einer zeitgenössischen Chronik lesen wir: „Es kann also jemand Mangel an Wasser haben, wenn zu gleicher Zeit sein

▸ Die Festspiele Mecklenburg-Vorpommern sind längst ein fester Bestandteil im Kulturleben Deutschlands. Junge Musiker und Orchester, aber auch Künstler von Weltbedeutung treten alljährlich an oft malerischen Orten im Land auf – so beispielsweise im Park von Schloss Bothmer.

Nachbar überflüssig damit versehen ist, und in dem Fall muß er entweder warten, oder sich für ein Trinkgeld seinen Kasten voll laufen lassen." Bis 1897 funktionierte das Röhrensystem, dann machte es ein städtisches Wasserwerk überflüssig. Das Trinkgeld aber, das ist uns erhalten geblieben.

Das letzte Ostseebad Mecklenburgs ist Boltenhagen, Fritz Reuters Urlaubsdomizil zwischen Wismar und Lübeck. So manches Gedicht hat er dem Ort gewidmet. Noch mehr Meer kann man eigentlich nicht haben. Viereinhalb Kilometer Strand am Stück, feinster Sand und Wasser bis zum Horizont. Das beliebte Ausflugsziel hat eine lange Tradition. Schon 1803 stand hier der erste Badekarren am Strand. Heute hat der Tourismus den Ort fest im Griff, fast alle der 2 500 Einwohner leben von ihm.

Die Residenzstädte

Ein „stattlich aufgemauertes, turmstarkes Örtchen" nannte Ernst Barlach Güstrow. Stolz erhebt sich auf einer kleinen Anhöhe ein Schloss, das zu den schönsten Renaissancebauten Norddeutschlands gehört. Der Italiener Franz Parr (gestorben 1580) entwarf den West- und den Südflügel (1558–1566), der Niederländer Philipp Brandin ließ sich den nördlichen und östlichen Teil (1594) einfallen – und vollendet hat den Adelspalast 1671 Charles Dieussart (um 1625–um 1695) aus Frankreich. Trotz aller Schönheit wollte Herzog Friedrich Franz I. (1756–1837) 1795 das Schloss schleifen, da er in seine neue barocke Residenz nach Ludwigslust zog. Der „leere Kasten" interessierte ihn nicht mehr. Schlimmer noch, er kostete Geld. Die Güstrower waren entsetzt über die Pläne ihres Herzogs. Entschlossen gründeten sie eine Bürgerinitiative und baten den Landesherrn, die „vor-

zügliche Zierde der Stadt" doch stehen zu lassen. Aber Friedrich Franz war ungnädig. Böse teilte er seinen Untertanen mit, dass durch den Abriss den Reisenden nur der Anblick eines „Steinklumpen mit einigen kleinen Türmen" erspart bliebe. Im Übrigen verbat er sich jede Einmischung. Die Güstrower hatten keine andere Wahl als auf Zeit zu setzen. Tatsächlich überlebte das Schloss den abrisswütigen Herzog. – Heute finden Buchlesungen und Kammerkonzerte in ihm statt, und immer wieder bestaunen Besucher die Pracht des Festsaals.

Güstrow blickt stolz auf seine adlige Vergangenheit zurück. Sie wird allerdings überstrahlt vom Ruhm großer bürgerlicher Männer. Der Dichter Uwe Johnson (1934–1984) verbrachte hier seine Jugend, der Maler Georg Friedrich Kersting (1785–1847) ist ein Sohn der Stadt, Hans Albers (1891–1960) begann seine Karriere am Güstrower Stadttheater und Ernst Barlach, der Dichter und Bildhauer, trug den Namen Güstrows in den letzten Winkel der Welt. Seine Plastik „Der Schwebende" ist berühmter als der sie umgebende Dom. In Güstrow fand Barlach den „erdgebundenen Menschenalltag", der für seine Phantasie so wichtig war.

Als der von den Nazis verfemte Künstler 1938 starb, gehörte Käthe Kollwitz (1867–1945) zu den wenigen Freunden, die gekommen waren, um Abschied zu nehmen. In ihrem Tagebuch notierte sie: „Barlach ist ganz klein. Er liegt mit ganz zur Seite gesenktem Kopf, als ob er sich verbergen wolle. Die weggestreckten und nebeneinander gelegten Hände ganz klein und ganz mager. Ringsum an den Wänden seine schweigenden Gestalten. Über dem Sarg die Maske des Güstrower Domengels." Musste 1938 die Trauerfeier für Barlach heimlich im Atelierhaus stattfinden, macht Güstrow heute dem großen Bildhauer alle Ehre.

Die Stadt, für die Franz Friedrich I. bereit war, Güstrow aufzugeben, heißt [Ludwigslust]. Lulu ist der steingewordene Ausdruck eines schönen Traums, der ganz klein in einem unscheinbaren Dorf bei Schwerin anfing. Dort nahm Christian Ludwig II. (1683–1756) stets Quartier, wenn er zur Jagd in die wildreichen Wälder der Lewitz aufbrach. Da dem regierenden Herzog von Mecklenburg-Schwerin mit der Zeit das ewige Hin und Her zwischen der beruflichen Residenz Schwerin und dem Freizeitvergnügen zu viel wurde, ließ er sich im Dorf Klenow ein kleines Jagdhaus errichten. Bald wurde ein Jagdschloss daraus.

1756 übergab Christian Ludwig die Regierungsgeschäfte an seinen Sohn Friedrich, den man „den Frommen" nannte, da er das Theater, das Kartenspielen und die Volksmusik als wenig gottgefällig verbot. Eine der ersten Amtshandlungen dieses tatkräftigen Mannes bestand in dem Befehl, „ersagten Ort" Klenow zu Ehren seines Vaters „von nun an und in Zukunft Ludwigs-Lust" zu nennen. Gleichzeitig beschloss er, hier Hof zu halten wie der französische König in Versailles. Oder wie Friedrich II. in Sanssouci.

Alles, was ihm dazu fehlte, war ein Stück Glanz. Also musste erst einmal ein richtiges Schloss her. Schnell wurde das Dorf abgerissen, und an eine andere Stelle gesetzt. Dann bekam der Hofbaumeister Johann Joachim Busch (1720–1802) den Auftrag, eine zeitgemäße Residenz in die mecklenburgischen Wälder zu bauen. Nach vier Jahren Bauzeit (1772–1776) stand ein spätbarockes Dreiflügelhaus aus Pirnaer Sandstein in der Landschaft – als Mittelpunkt einer spätbarocken Stadtanlage. Gewiss ließe sich viel Kluges über die Hoffassade oder über die vierzig überlebensgroßen Statuen auf der Attika sagen, allesamt vom Bildhauer Rudolf Kapplunger (1746–1795). Wirklich berühmt aber wurde Schloss Ludwigslust erst durch den großen Bluff „Made in Ludwigslust". Friedrich beauftragte die um 1770 in Ludwigslust gegründete Papiermaché-Fabrik mit der Herstellung des „schönen Scheins". Das Ergebnis können wir heute bewundern! Der ganze plastische Schmuck des Schlosses ist aus blattgoldbelegter Pappe. Von den Spiegelumrahmungen, den Uhrengehäusen und Zierleisten, den Skulpturen, Kerzenständern und Tafelaufsätzen – die Rezeptur des „Ludwigsluster Cartons" ist bis heute nicht entschlüsselt. Bekannt ist dagegen, dass sich der Herzog persönlich um die Materialbeschaffung kümmerte. Er wies alle Ämter an, gebrauchtes Papier, vor allem alte Steuerakten, an die Manufaktur zu liefern. Unter Zugabe von Mehl, Leim und Wasser entstand so eine Pappmaché-Masse, die getrocknet, geschliffen, poliert und bemalt wurde.

Man traut seinen Augen kaum: feinster Marmor, Alabaster, Stuck, alles täuschend echt. Zu den verblüffendsten Kunstwerken zählt die „Venus Medici" im Goldenen Saal. Um 1800 belieferte die „Carton Fabrique" längst nicht mehr nur Friedrichs Hof, die mecklenburgische Variante der „billigen Schönheit" war in ganz Europa gefragt. Über das Leipziger „Journal des Luxus und der Moden" orderte der europäische Hof antike Büsten, Prunkvasen und andere feine Sachen. Bis 1830 hielt der Boom an, dann versank die Carton-Fabrik in der Bedeutungslosigkeit. Wie Ludwigslust. 1837 wurde die Residenz wieder nach Schwerin verlegt.

Auch Neustrelitz war Residenzstadt und unterhielt durch Heirat Beziehungen in alle Welt. Prinzessin Sophie Charlotte aus dem Hause Mecklenburg-Strelitz (1744–1818) war sogar Königin von England. Ihre Amtszeit währte von 1761 bis zu ihrem Tod. Ganz England interessierte sich damals für das kleine deutsche Herzogtum, man wollte wissen, wo dieser exotische Landflecken lag. Die Verehrung ging so weit, dass Joseph Banks (1742–1820), der Direktor der Königlich Botanischen Gärten, der mit James Cook um die Welt gereist war, eine unbekannte südafrikanische Pflanze aus der Gattung der Bananengewächse zu Ehren der Queen aus Neustrelitz „Strelitzia Regina" nannte. 1818 schenkte Charlotte ihren Verwandten eine solche Staude. 1822 soll sie das erste Mal auf deutschem Boden in der Orangerie von Neustrelitz geblüht haben.

Neustrelitz, die letzte barocke Stadtgründung Norddeutschlands, ist einer Laune entsprungen. Eigentlich wollte Herzog Adolf Friedrich III. (1686–1752) nur den „hochfürstlichen Kunstgertner" und Baumeister Christoph Julius Löwe beauftragen, ihm ein standesgemäßes Schloss am Ufer des Zierker Sees zu bauen. Aber da er schon einmal beim Geldausgeben war, bestellte er gleich noch einen entzückenden Lustgarten und eine komplette Stadt mit dazu. Am 20. Mai 1733 unterzeichnete der Herzog den Aufruf zum Bau des „neuen Strelitz".

Die sternförmige Anlage der Stadt ist einmalig in Deutschland. Acht schnurgerade Straßen führen vom quadratischen Marktplatz aus in alle Himmelsrichtungen. Eine lief direkt auf das prächtige Schloss zu, das 1945 abbrannte. Trotz der vielen Narben, die der 2. Weltkrieg der einstigen Residenz (bis 1918) zufügte, steht noch immer eine beachtliche Reihe schöner Bauten im Steingesicht der Stadt. So die neugotische Schlosskirche (1855–59), die klassizistische Orangerie, der Marstall, das Hirschportal, der Hebetempel und die Gedächtnishalle für Luise von Preußen (1776–1810), die eine geborene Prinzessin zu Mecklenburg-Strelitz war.

Der Ort, umgeben von tiefen Wäldern und klaren, schönen Seen, ist das kulturelle Zentrum der Mecklenburgischen Kleinseenplatte. Das Landestheater Neustrelitz mit den Sparten Schauspiel, Oper und Operette (es hieß bis zur Wende Friedrich-Wolf-Theater) ist weit über die Grenzen der Region hinaus bekannt. Schon 1769 unterhielt die „Herzogliche Gesellschaft teutscher Schauspieler" in Neustrelitz ihr eigenes Haus. Kultureller Glanzpunkt heute sind Jahr für Jahr die beliebten sommerlichen Schlossgartenfestspiele, zu denen Publikum aus ganz Deutschland anreist.

Die Mecklenburgische Seenplatte

Die Mecklenburgische Seenplatte, ein Irrgarten aus fischreichen Seen, Kanälen, schilfbestickten Uferrändern, Feuchtwiesen, Flüssen, Schleusen, verträumten Dörfern und dunklen Wäldern, hat eine eigene Schönheit, die man nirgendwo sonst in der Mitte Europas findet. Selbst die Stille ist hier leiser als anderswo. Stille bedeutet ja nicht die Abwesenheit von Geräuschen. Es kann sehr laut zugehen in der Natur. Wenn ein Sturm tobt oder Wildgänse durch die Nacht fliegen. Doch selbst da, wo die Natur laut ist, macht sie niemals Lärm.

Dieser noch immer weitgehend unberührte Naturraum nimmt die Mitte und den Süden Mecklenburgs ein. Von der Müritz bis zum Plauer See zieht sich die sogenannte Großseenplatte. Daran stößt das Sternberg-Krakower Seengebiet, das von Elde, Mildenitz und Warnow durchflossen wird. Hunderte kleiner und noch kleinerer Seen, meist durch Flüsse oder Kanäle miteinander verbunden, machen die Kleinseenplatte um Mirow und Neustrelitz zu einem Eldorado für Wassersportler. Im Südosten, an der Grenze zu Brandenburg, hat sich die Feldberger Seenplatte inmitten tiefer Buchenwälder ihr Refugium gesucht. Und last but not least erfreut uns die Mecklenburgische Schweiz mit ihrer leichten Hügellandschaft und dem Kummerower, dem Malchiner und Teterower See.

Die Müritz, der größte deutsche Binnensee mit 117 Quadratkilometern, ist das Herz der Mecklenburgischen Seenplatte. Für den Dichter Uwe Johnson war er die Seele Mecklenburgs. „... weißliches Seelicht unter Laubgrün, Boote auf dem Wasser, vor mir unverlierbar gewußte Umrisse."

Zwei Städte haben sich an seinem Ufer eingerichtet. Röbel, eine mecklenburgische Kleinstadt, wie sie typischer nicht sein kann, und Waren, touristischer Mittelpunkt der Mecklenburgischen Großseenplatte. Die kleinen Fischer- und Bauernhäuser rund um den Hafen von Röbel sehen immer ein wenig verschlafen aus und geben doch dem Städtchen Charme. Vom 58 Meter hohen Turm der frühgotischen Marienkirche (13. Jahrhundert) kann man weit ins Land schauen.

Waren am Nordufer der Müritz hat eine schöne Altstadt, der man die bunteste Kneipenszene weit und breit nachsagt. Die terrassenförmig angelegte Stadt wurde im 13. Jahrhundert gegründet. Bekannt ist, dass sie um 1282 Residenz der Wendenfürsten war. Das Stadtsiegel ist in seiner heutigen Form seit 1373 gültig. Der Bade- und Kurbetrieb begann in dem Fischerstädtchen Mitte des 19. Jahrhunderts. Eine Seebadeanstalt für Damen und Herren lockte Neugierige aus dem ganzen Land nach Waren. Auch die Familie Fontane bezog im August 1896 „mit Mann und Maus" die Villa Zwick, ein bescheidenes Domizil im Stadtteil Ecktannen am Müritzufer. Die Straße trägt heute den Namen des großen Wanderers. Theodor Fontane schwor Stein und Bein, noch nie in seinem Leben „acht Tage lang hintereinander so gut verpflegt" worden zu sein. „Ich habe vor, die Berliner Sommerfrischler auf dieses prächtige Stückchen Erde aufmerksam zu machen", schrieb er einem Freund.

Zu Recht, denn es gibt in Waren viel zu sehen. Die Löwen-Apotheke (um 1800) am Neuen Markt, das Neue Rathaus (1796 fertiggestellt, 1857 erweitert), die Georgenkirche mit ihrem massiven Westturm, der bestiegen werden kann, und die vielen barocken Fachwerkhäuser, die das Bild der Stadt prägen.

Die Attraktion ist das „Müritzeum", ein Museum mit Aquarien, Fisch- und Vogelwelt, mit Wald- und Moorlandschaft sowie einer tausendjährigen Eiche. Wie die Arche im biblischen Buch Genesis, so liegt das ungewöhnliche Haus am Ufer des Herrensees. Von der Sintflut an Land geworfen. Dick und rund, fest in der Erde verankert, mit neun Meter hohen, schrägen Wänden und einer schwarzen Außenhaut aus verkohltem Lärchenholz. Entworfen hat den verwegenen Bau der schwedische Architekt Gerd Wingardh. 233 Büros aus Deutschland und Europa hatten sich an dem Ideenwettbewerb beteiligt. Zehn kamen in die enge Wahl, 2004 fiel die Entscheidung. Einer gewann. Der Schwede! Drei Jahre später, im August 2007, öffnete der Neubau seine Pforten. Das Herzstück des Müritzeums sind die Aquarien, mehr als vierzig Fischarten schwimmen in großen und kleinen Becken.

Gleich hinter Waren beginnt der [Müritz-Nationalpark](), der sich mit seinen weiten Wäldern, Wiesen, Mooren und mehr als hundert Seen über 322 Quadratkilometer erstreckt. Von der Müritz selbst gehört nur ein kleiner Teil zum Nationalpark. Fischreiher stehen an den Ufern, knapp dreißig Fischadler-Paare leben im Revier, sie sind gut an dem Weiß ihrer Unterseite zu erkennen. Manchmal zeigen sich auch Seeadler. Der größte deutsche Greif hat eine Flügelspannweite von 2,40 Meter. Biber und Fischotter, Eisvögel und Kraniche, der Schwarzstorch und der Milan – viele Tiere sind zu beobachten. Auch die Pflanzenwelt ist erstaunlich, rund 700 verschiedene Arten gedeihen hier, sogar so seltene wie Sonnentau, Fettkraut, Sumpfenzian und Trollblumen.

Im Sternberg-Krakower Seengebiet liegt der Naturpark Nossentiner und Schwinzer Heide. Ein trauriges Ereignis machte 1492 die Stadt [Sternberg]() in ganz Europa bekannt. Angeblich hatte Eleasar, ein Jude, vom Messpriester der St. Maria und St. Nikolaus-Kirche geweihte Hostien erhalten, und diese schändlich mit Nadeln durchstochen. „Heiliges Blut" trat aus dem Abendmahlbrot. Die Frau des Juden, erfüllt von dunkler Vorahnung, versuchte noch, die Hostien im Sternberger See zu versenken, aber der Uferstein, auf dem sie stand, versank und zog die Frau in die Tiefe. Als der Stein wieder auftauchte (!), zeigte er zwei Fußabdrücke. Die Hostienschändung löste eine Judenverfolgung aus, der 25 Männer und zwei Frauen zum Opfer fielen. Die Ärmsten verurteilte man zum Tode und verbrannte sie auf dem Scheiterhaufen. Ein 200 Jahre dauerndes Siedlungsverbot für Juden in Mecklenburg wurde ausgesprochen, obwohl die meisten Bürger wussten, dass der Vorwurf der Hostienschändung ein beliebtes Mittel der Christen war, sich ihrer Schulden zu entledigen, die sie bei Juden, die oft vom Geldverleihen lebten, gemacht hatten. Wie dem auch sei: Sternberg war von 1492 an ein viel besuchter Wallfahrtsort. Den Beweis der „Schändung" kann man heute noch besichtigen, der Stein mit den Fußabdrücken ziert die Außenwand der Stadtkirche St. Maria und St. Nikolaus.

Sternberg selbst ist ein hübsches kleines Städtchen, in dem bis 1918 der mecklenburgische Landtag zusammenkam. Das mächtige neogotische Rathaus am Markt (1850) erinnert an diese Würde. Die Kirche vom Ende des 13. Jahrhunderts ist überraschend groß geraten. Das schöne Altargemälde und die Kanzel im Inneren von St. Maria und St. Nikolaus stammen aus barocker Zeit. In den engen Gassen der Stadt stehen reich verzierte Fachwerkhäuser. Der FKK-Campingplatz am Luckower See unweit von Sternberg gehört zu den zehn schönsten in Deutschland.

Fünf Kilometer außerhalb der Stadt (in Richtung Bützow) liegt der Altslawische Tempel-Ort [Groß Raden](). Auf den Resten einer Ringburg wurde eine Siedlung slawischer Obodriten rekonstruiert. Die Slawenburg ist einzigartig in Deutschland, die jährlich in der dritten Juli-Woche stattfindenden Museumstage sollte man im Kalender mit einem dicken Ausrufezeichen versehen!

Das Sternberger Seengebiet gehört mit seinen mehr als 90 Seen zu den schönsten Flecken auf der Mecklenburgischen Seenplatte. Inmitten der wel-

▲ Traumhafte Landschaft im Überfluss – warum Mecklenburg ein beliebtes Urlaubsziel ist, wird nicht nur angesichts der Mecklenburgischen Seenplatte nachvollziehbar.

ligen Landschaft liegen fischreiche, stille Gewässer, kleine Dörfer schmiegen sich an sanfte Hügelrücken, selbstbewusst gucken knorrige Bäume aus Feldern und Wiesen ins Land. Wild und romantisch ist das Tal der wasserreichen Warnow. Auf ihrem Weg von der Quelle bis zum „großen Meer" verändert sie ständig ihr Gesicht. Über weite Strecken fließt sie ruhig und gemessen in Richtung Ostsee. Dann, nach dem Mildenitz-Zufluss bei Sternberg, wird ihr Tal schmal und steinig. Wie ein Gebirgsbach rauscht die Warnow durch das drei Kilometer lange Tal, um danach behäbig in ihr breites Bett zurückzukehren.

Auch die Mecklenburgische Schweiz zeigt sich sehr hügelig. Wie ein Balkon erhebt sie sich über die von eiszeitlichen Gletschern flachgehobelte Ebene. Namensgeber soll übrigens der in die Schweiz verliebte Erbprinz Georg von Mecklenburg-Strelitz (1779 – 1860) gewesen sein. Hier, sozusagen im Herzen Mecklenburgs, wurde Fritz Reuter geboren. Voller Stolz trägt sein Geburtsort den Ehrennamen Reuterstadt Stavenhagen. Selbstbewusst sitzt der Dichter auf seinem Denkmal am Marktplatz und blickt in die Welt. Hinter sich weiß er das alte, barocke Rathaus, in dem sein Vater Bürgermeister war. Reuter liebte die kleine Stadt. Irgendwie ähneln sich die beiden. Auch Stavenhagen ist unauffällig, zurückhaltend und freundlich. Es hat sich nicht viel verändert seit jenen Tagen, da Reuter hier ein und aus ging. Selbst die Kirche aus Backstein steht noch an ihrem Platz. „Der Turm ist entschieden Rokoko", schrieb Reuter in seinen Erinnerungen an Stavenhagen. Nur das Rathaus ist nicht mehr das, was es mal war. In ihm ist nun das Fritz-Reuter-Literaturmuseum untergebracht. Das allein lohnt einen Besuch.

Und wenn man schon einmal in Stavenhagen ist, kann man auch gleich Ivenack besuchen, „diese liebliche, der Ruhe geweihte Oase" mit dem berühmtesten Baumbestand Deutschlands, den tausendjährigen Eichen. Der Stamm der ältesten hat einen Durchmesser von dreieinhalb Metern. 36 Meter reckt er sich in die Höhe. Anfang vorigen Jahrhunderts gab es zehn dieser hölzernen Riesen, heute sind es noch fünf. „Diese Eichen waren die stolzen Grenzwächter meiner Besitzungen", schrieb Fritz Reuter, „bis hierher ging mein Reich und zugleich meine Geographie, was darüber hinaus lag, war unbekanntes Land."

Endlich daheim

Seit Tagen war der Schriftsteller Hans Fallada (1893 – 1947) in Mecklenburg unterwegs, um nach einem Haus in schöner Lage zu suchen. „Halte mir den Daumen", schrieb er seiner Frau, „halte uns den Daumen, daß ich etwas recht Schönes in Mecklenburg finde, und dann wollen wir auch wieder ganz miteinander leben …" In Carwitz, einem kleinen Fischerdorf bei Feldberg, fand er schließlich, was er suchte. Ein großes, einfaches Fachwerkhaus am See, eine Büdnerei, in der früher Landarbeiter wohnten. Auch das Dorf, „weit ab von der Welt", gefiel ihm. Fallada war begeistert. Später wird er in seinem Erinnerungsbuch „Heute bei uns zu Haus" schreiben: „Von allen Fenstern aus sehen wir Wasser, lebendiges Wasser, das Schönste auf Erden. Es blitzt auf zwischen den Wipfeln uralter Linden, es verliert sich in der Ferne, begleitet von schmächtigen Ellern, dickköpfige Weiden suchen es zu verstecken, hinter gelben und grünen Schilffeldern breitet es sich weit …"

Von Carwitz aus versuchte Hans Fallada, „sein Lebensschiff schlecht und recht durch die Unbilden" der Nazi-Zeit zu steuern. Elf Jahre lang (1933 – 44) lebte er mit seiner Frau Anna und den Kindern in dieser paradiesischen Einsiedelei. Diese Zeit gehörte zur glücklichsten seines Lebens. Viele Werke entstanden in der Stille der Feldberger Seenlandschaft, darunter „Wolf unter Wölfen" (1937) und „Der eiserne Gustav" (1938). Heute ist sein einstiges Wohnhaus ein Museum. Die sechs Räume – das Arbeitszimmer ist in seiner ursprünglichen Ausstattung erhalten geblieben – bieten tiefe Einblicke in die tragische, glückliche Welt des Schriftstellers. Er selbst hat seine letzte Ruhe auf dem stillen Dorffriedhof gefunden. 1981 wurde seine Urne von Berlin hierher umgebettet. Endlich war er wieder daheim. In Mecklenburg.

▸ Mecklenburg – Filmland: Mehrfach schon diente Schloss Bothmer unweit von Klütz als Kulisse für Filme.

▲ In den letzten Jahren hat sich das Ostseebad Boltenhagen – hier mit dem Brunnen im Kurpark – zu einem vielbesuchten Reiseziel entwickelt.

▲ Freizeitraum Küste: Das Ferienresort Weiße Wiek Boltenhagen mit seiner Marina steht für den Ausbau touristischer Möglichkeiten in den letzten zwei Jahrzehnten.

▲ ▶ In vielen Dörfern finden sich noch und wieder vermehrt reetgedeckte Häuser – so in Alt Karin nahe Neubukow und in Wodorf bei Wismar.

▲ Überall im Land stehen Gutshäuser, die oft in letzten Jahren unter touristischen Gesichtspunkten ausgebaut wurden. Das Bio- und Gesundheitshotel Gutshaus Stellshagen bei Klütz ist ein Beispiel für diese Entwicklung.

▶▶ Seiten 28/29: In der Hansestadt Wismar verbinden sich Tradition und Innovation miteinander – wie die Silhouette der Stadt mit den Backsteinkirchen und der großen Werkshalle der Werft bereits zeigt.

▲ ▶ Leben in malerischer Kulisse: Wismars Straßen flankieren Häuser, die von der bedeutenden Geschichte der Hansestadt erzählen. Gleiches gilt für die Kirchen, wie beispielsweise (rechte Seite) beim Turm von St. Marien.

▲ ▶ Lange Zeit gehörte Wismar zum schwedischen Königreich. An diese Epoche erinnert alljährlich im August das Schwedenfest.

▲ Die Insel Poel – hier der Hafen von Timmendorf – bietet Erholung fern der Hektik moderner Zeiten.

▲ Der Blick reicht über die Wismar-Bucht bis zur Kirche von Kirchdorf auf Poel. In den letzten Jahren wurde der im 14. Jahrhundert vollendete Bau schrittweise restauriert.

▲ Ein Landtag in märchenhafter Umgebung: Seit 1990 ist das Schweriner Schloss Sitz des Landesparlaments von Mecklenburg-Vorpommern.

▲ Der Schweriner See zählt zu den schönsten und beliebtesten im Lande.
Direkt von der Landeshauptstadt aus kann man in See stechen.

▲ Der Burggarten direkt beim Schweriner Schloss ist Teil einer Parkanlage, die zu den bedeutendsten in Deutschland zählt.

▲ 2009 war Schwerin Austragungsort der Bundesgartenschau. Angesichts des Ambientes ist es kein Wunder, dass sich hunderttausende Besucher begeistert zeigten.

▲ Der Küchengarten mit Blick auf das Schweriner Schloss gehörte zu den temporären Installationen während der Bundesgartenschau.

▲ Die Reaktionen auf den Garten des 21. Jahrhunderts waren so positiv, dass man sich entschloss, diese Anlage auch nach Schließung der Bundesgartenschau beizubehalten.

▲ Romantische Dorfkirchen wie die in Vietlübbe bei Schwerin sind typisch für Mecklenburg.

▶ Auch die Rathäuser – wie hier das in Gadebusch – stellen oft sehenswerte Bauten dar.

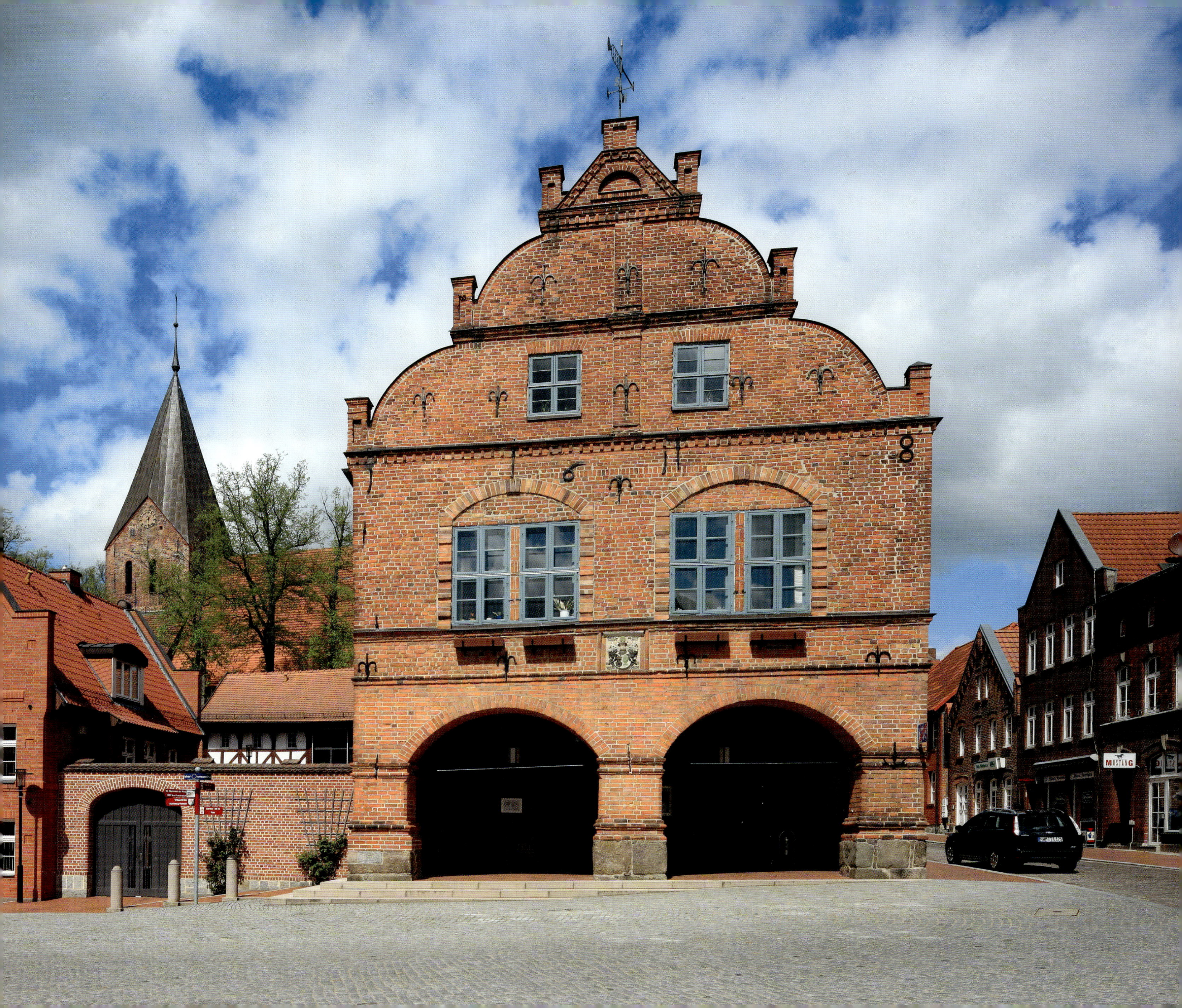
MUSTANG

▲ Klöster spielten in der Geschichte Mecklenburgs eine große Rolle. Das Kloster Rehna (Bildhintergrund) war kirchliches, kulturelles und wirtschaftliches Zentrum.

▲ Das Ufer des Dassowers See bildet die Grenze zwischen
Mecklenburg-Vorpommern und Schleswig-Holstein.

▲ Seit dem Beginn des 18. Jahrhunderts wird auf dem Landgestüt Redefin erfolgreich die Pferdezucht betrieben.

▲ 1993 ging das Gestüt in den Besitz des Landes Mecklenburg-Vorpommern über – und ist Kulisse für zahlreiche Veranstaltungen, beispielsweise die berühmten Hengstparaden.

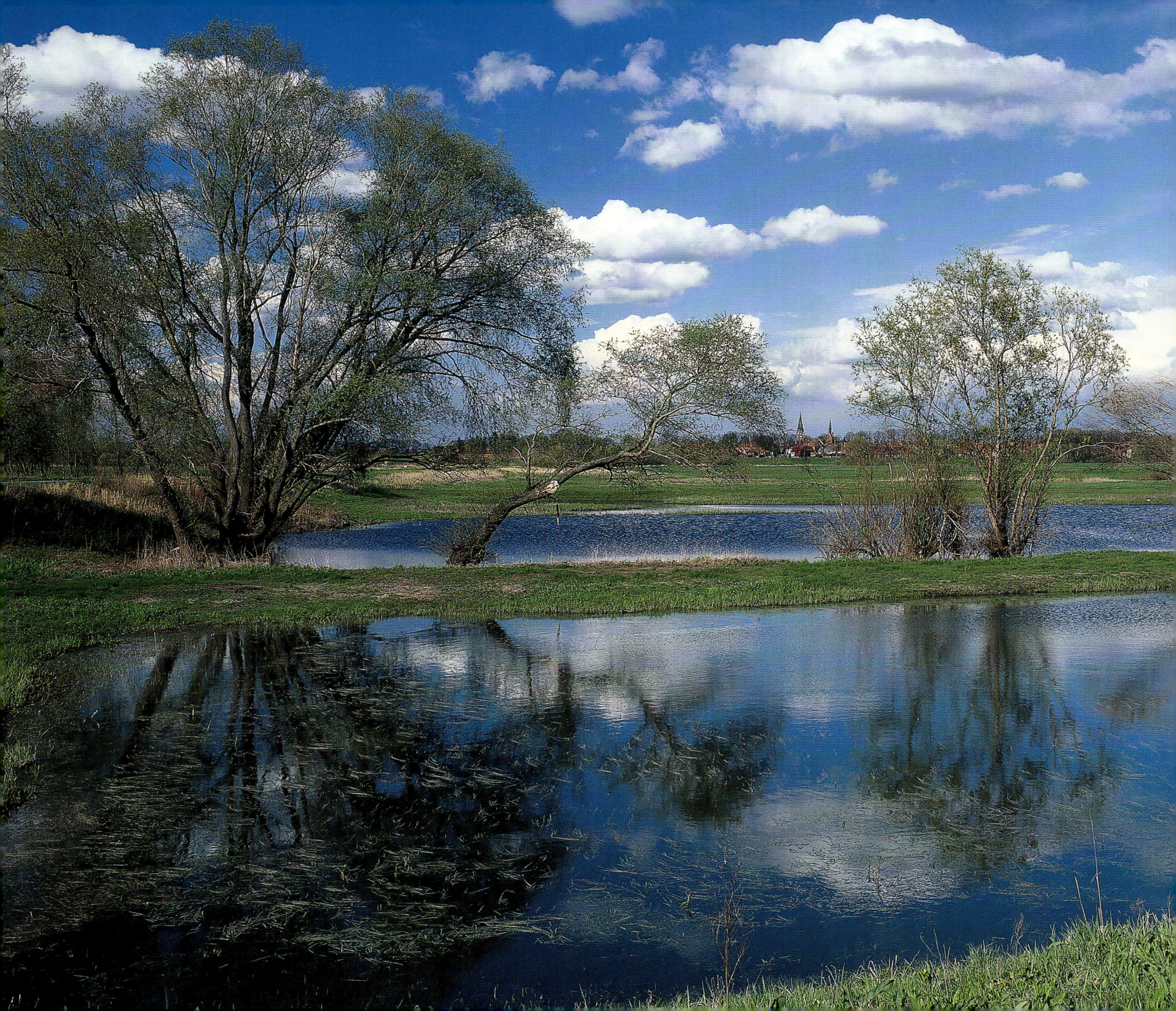

▲ Keine Küstenlandschaft: Die Binnendünen bei Dömitz zählen zu den ungewöhnlichsten Landschaftsformen Mecklenburgs.

◀ Die Elbe – hier bei Dömitz – ist über einige Kilometer Grenzfluss zwischen Mecklenburg-Vorpommern und Niedersachsen.

▲ ▶ Der Schlosspark in Ludwigslust – ohnehin eine der schönsten derartigen Anlagen in Norddeutschlands – stellt eine ideale Kulisse für Veranstaltungen dar …

... Alljährlich findet im Frühjahr das „Barockfest" (Bild rechts) statt, im Sommer folgt das „Kleine Fest im Großen Park Ludwigslust".

▲ Die Stadtkirche überragt Crivitz, das malerisch am gleichnamigen See gelegen ist.

▲ Bis heute ist das auf das 13. Jahrhundert zurückgehende gitterartige Straßennetz in Sternberg erhalten.

▶▶ 1220 gründeten Mönche des Benediktinerordens das Kloster Dobbertin. Die Anlage zählt zu den schönsten in Norddeutschland.

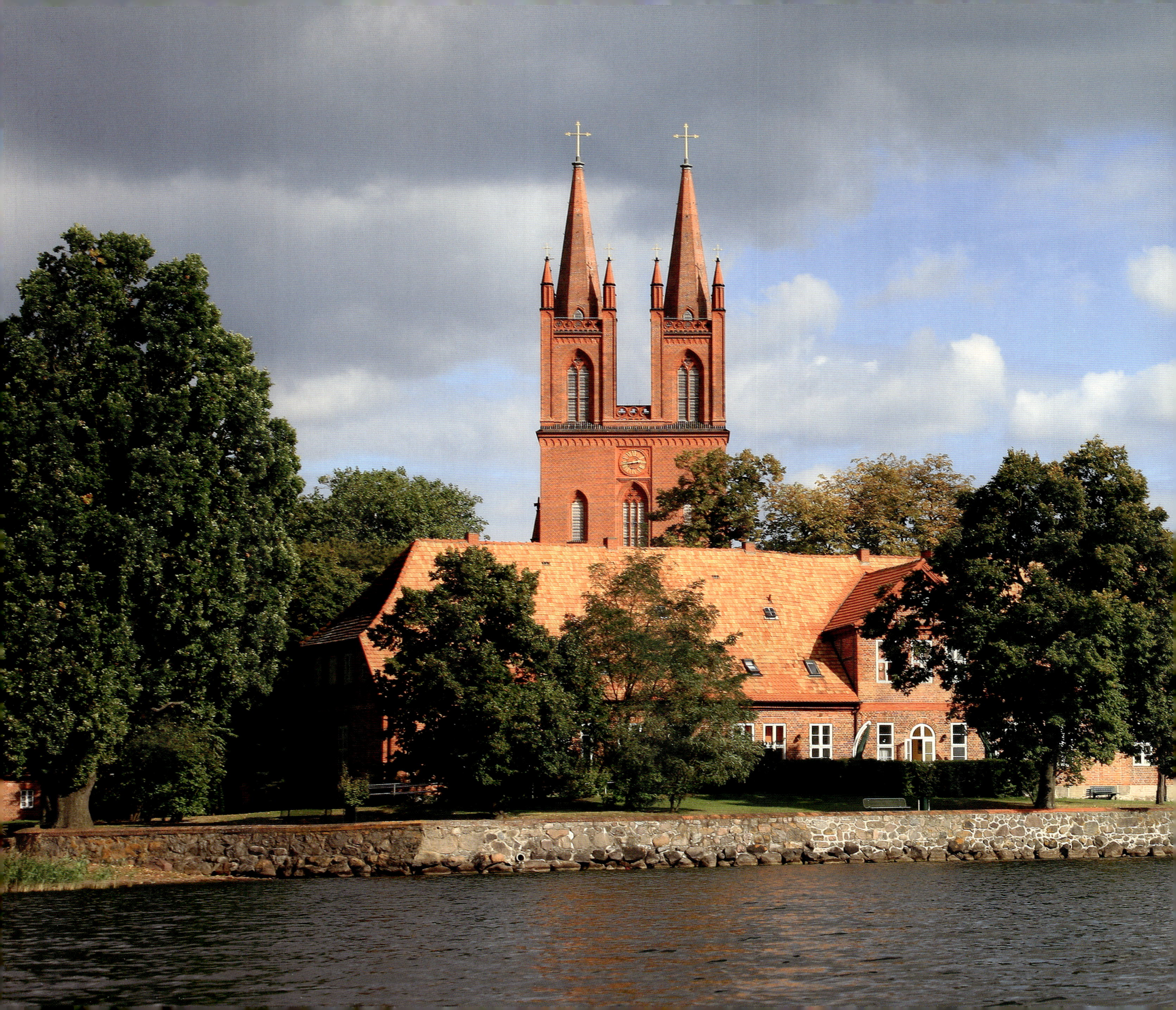

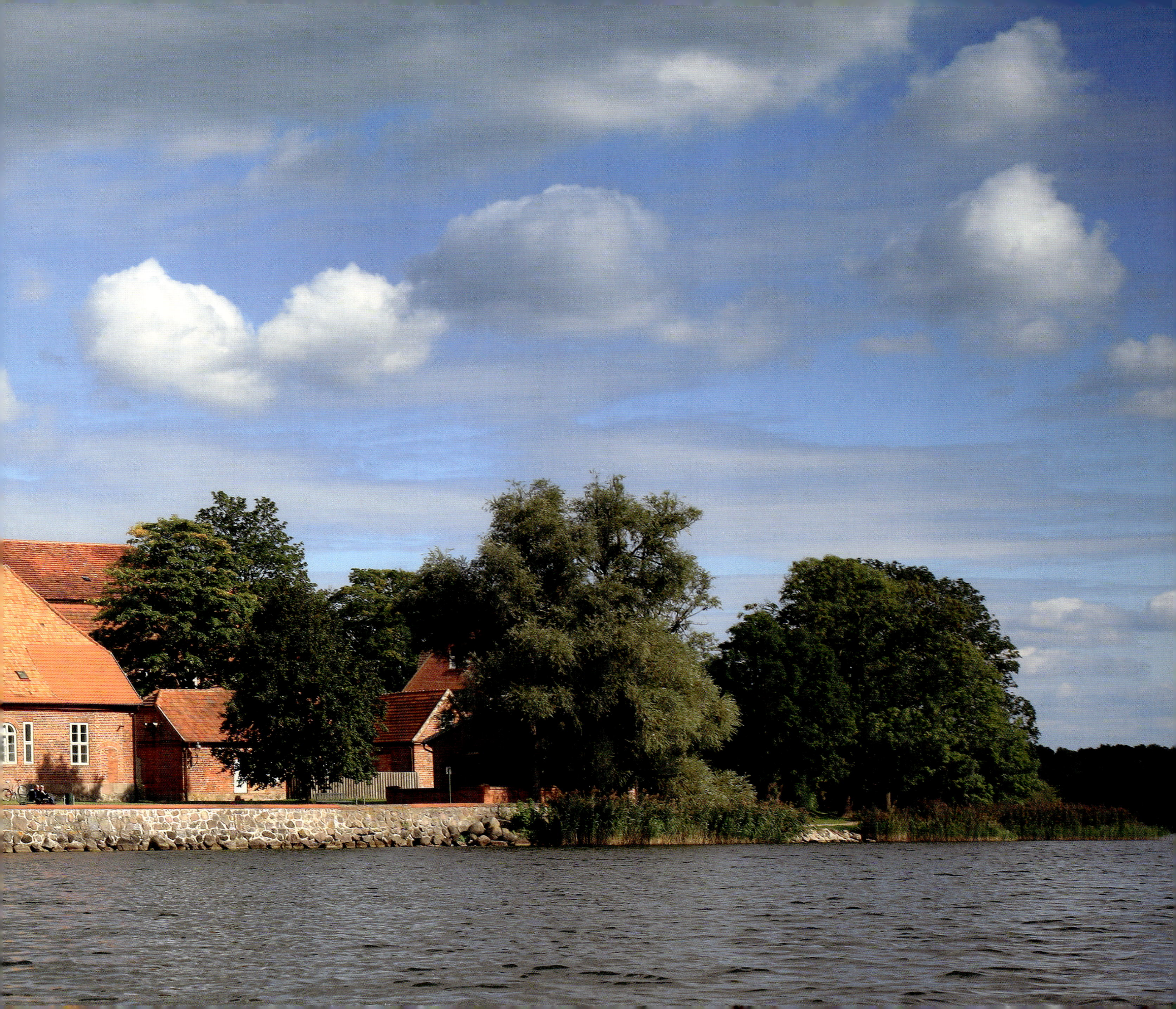

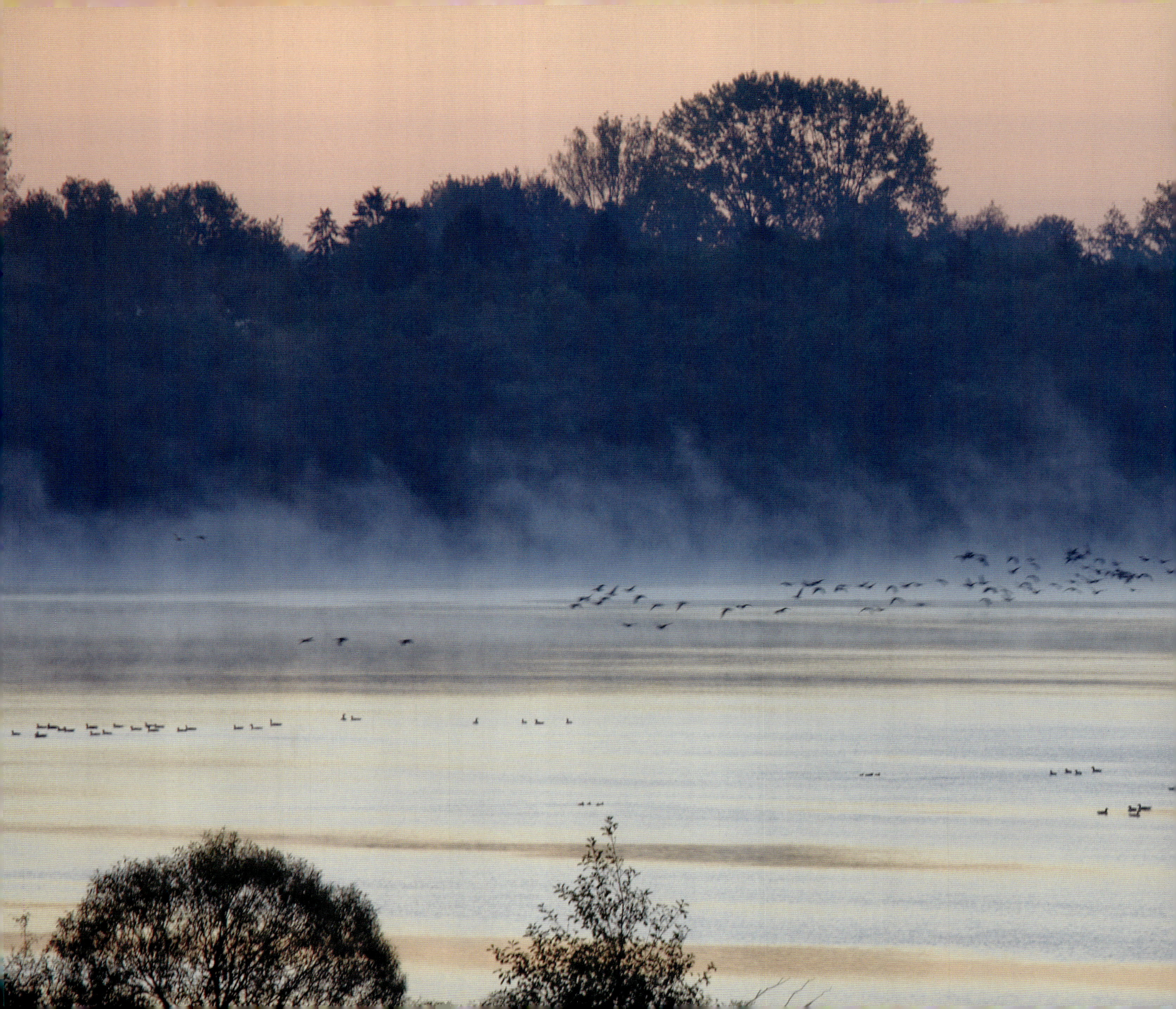

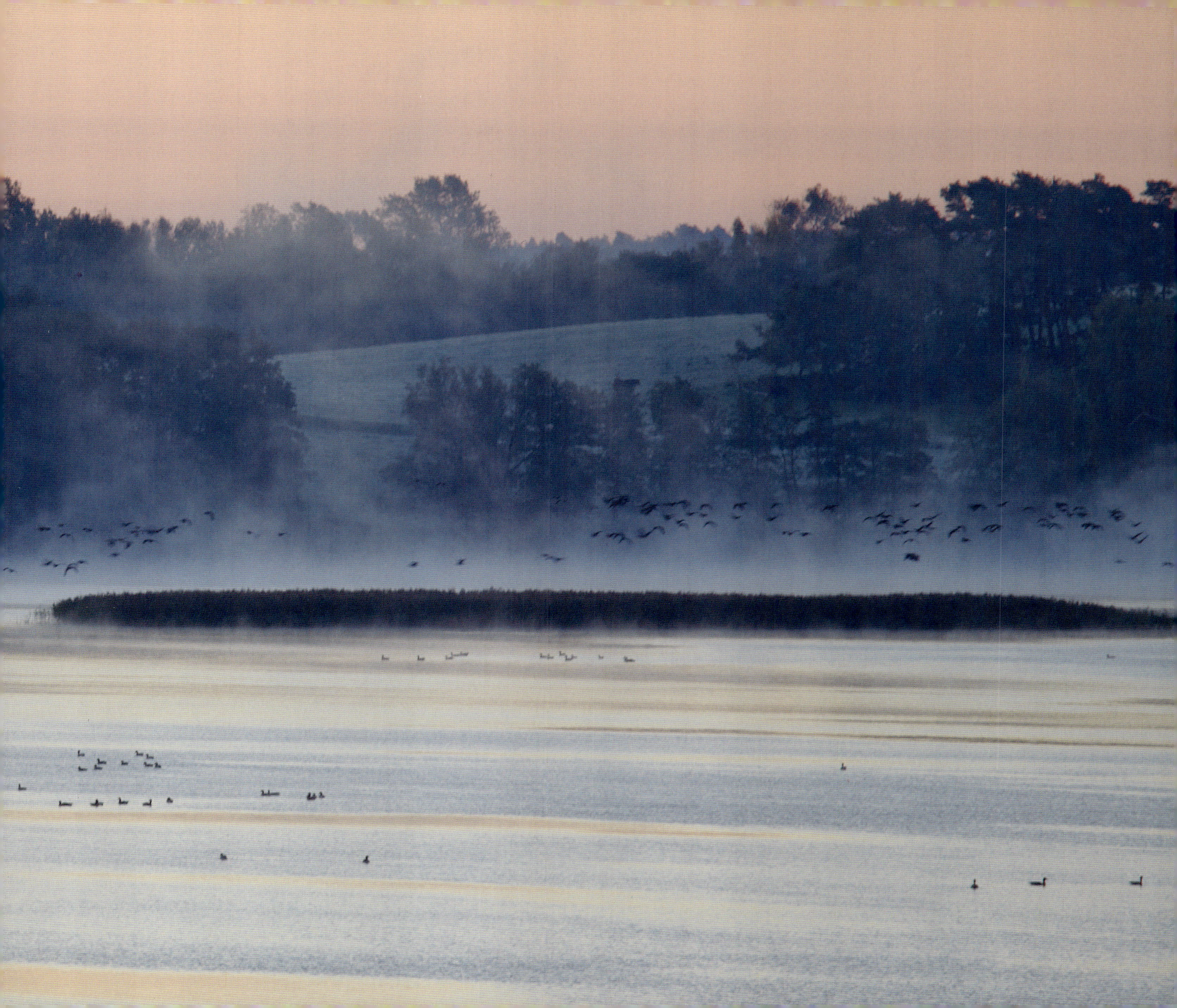

◂◂ Die Landschaft in Mecklenburg ist – wie hier am Krakower See – oft ein Paradies nicht nur für Vögel.

▴ Leben am und mit dem Wasser …

▲ ... Nicht nur am Krakower See gehen Mensch und Natur in Mecklenburg oft eine Symbiose ein.

▲ Freizeitsport auf dem Wasser. Der Warnowdurchbruch bei Eickhof ist bei Kanuten besonders beliebt.

▲ Auch bei Schwaan erweist sich die Warnow als ideal für Wasserwanderungen (ohne Motorkraft).

▲ Prächtig sind in Güstrow nicht nur das Rathaus und die Pfarrkirche St. Marien.

▲ Zu den großen Attraktionen im Nordosten Deutschlands zählt das Güstrower Schloss.

▲ Ein für Mecklenburg typisches Freizeitangebot bieten die Reiterhöfe, wie auf Gut Dalwitz südlich von Tessin.

▲ Das Gut Hohen Luckow, eine historische Anlage mit barockem Herrenhaus, ist zugleich ein moderner landwirtschaftlicher Betrieb.

▲ Sport- und Wellness-Urlaub in historischem Ambiente ist vielfach in Mecklenburg möglich, so in Schloss Teschow bei Teterow …

▲ ... und im Schlosshotel Fleesensee in Göhren-Lebbin.

▶▶ Schloss Ulrichshusen, einer der schönsten Orte in der ohnehin schönen Mecklenburgischen Schweiz, ist alljährlich Kulisse für Konzerte im Rahmen der Festspiele Mecklenburg-Vorpommern.

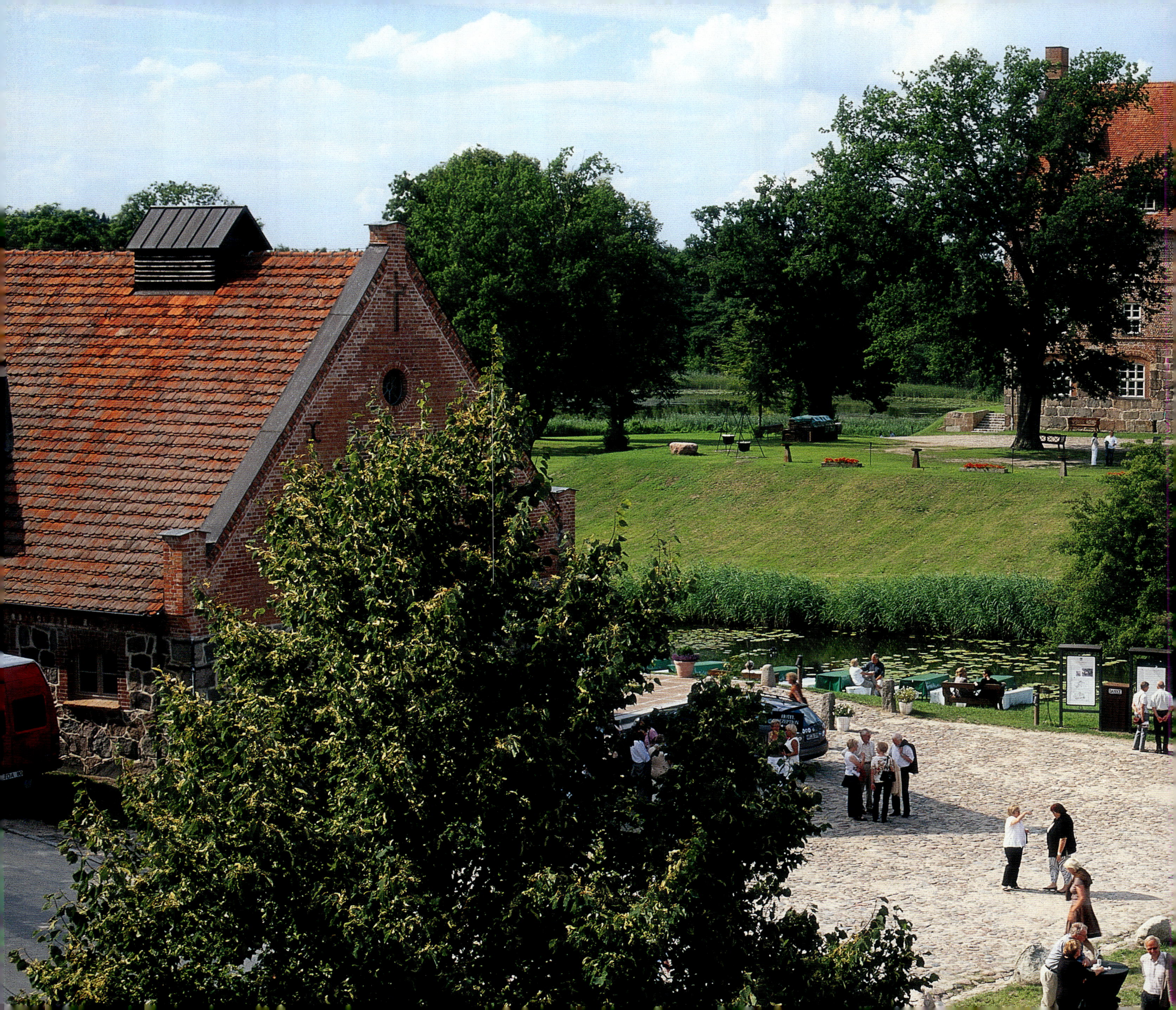

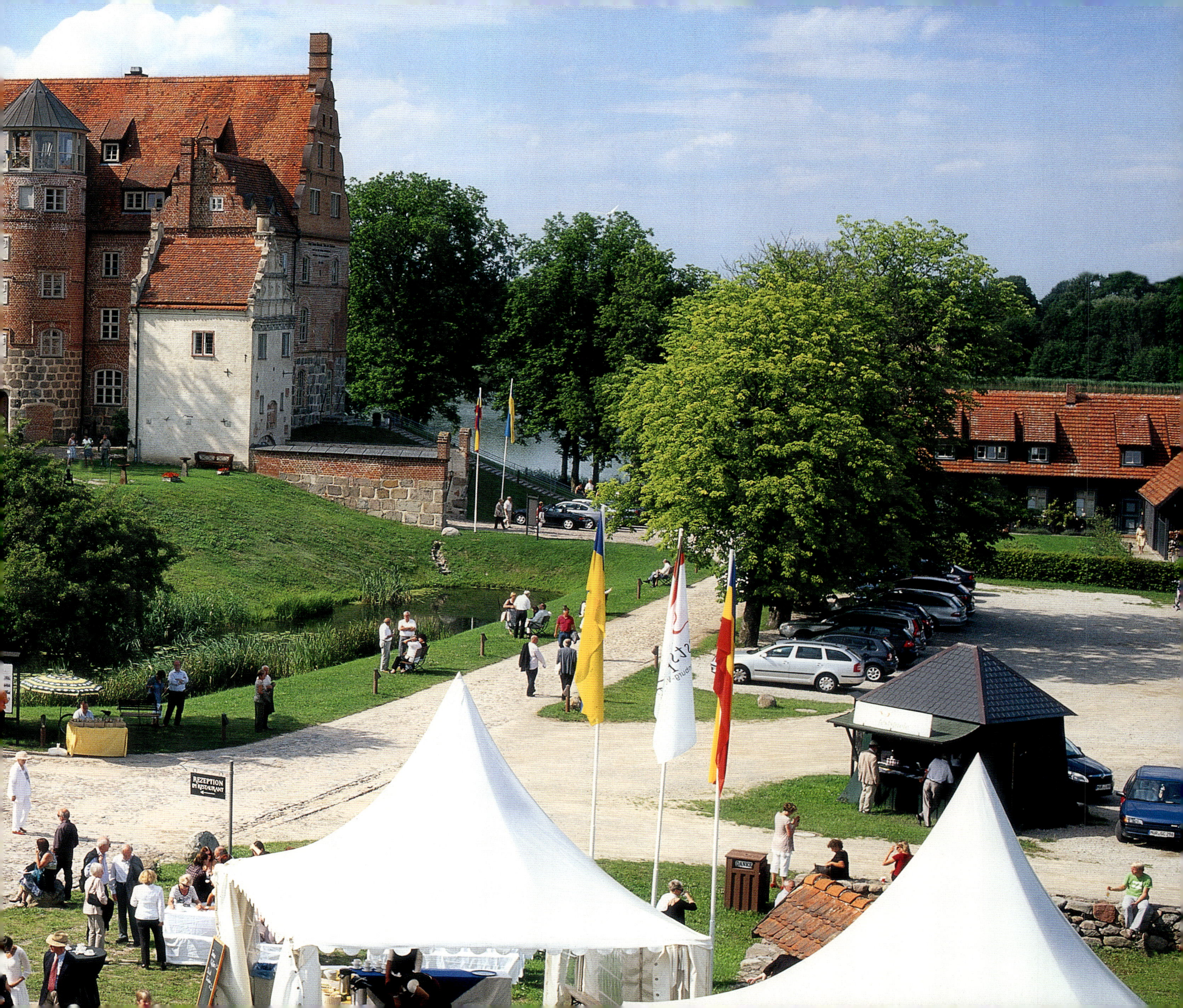
REZEPTION
IM RESTAURANT

▲ Nicht nur das Schloss in Basedow ist sehenswert, sondern auch der Park, ein Werk von Peter Joseph Lenné.

▲ Burg Schlitz, umgeben von zahlreichen alten Eichen, liegt
mitten in der malerischen Mecklenburgischen Schweiz.

▲ In Stavenhagen – hier das Schloss – wurde der bedeutendste niederdeutsche Dichter geboren: Fritz Reuter.

▲ Schloss Kittendorf südlich von Stavenhagen, das Mitte des 19. Jahrhunderts erbaut wurde, beherbergt heute ein Hotel.

▲ Ein Eldorado für Radfahrer: Nicht nur in den Wäldern um die Müritz gibt es zahlreiche Möglichkeiten, fern von Autostraßen die Natur zu genießen.

▲ Die Ivenacker Eichen unweit der Reuterstadt Stavenhagen gehören zu den ältesten Europas und bringen es teilweise auf fast 1 000 Jahre.

▶▶ Sie ist das Zentrum der Mecklenburgischen Seenplatte: die Stadt Waren/Müritz.

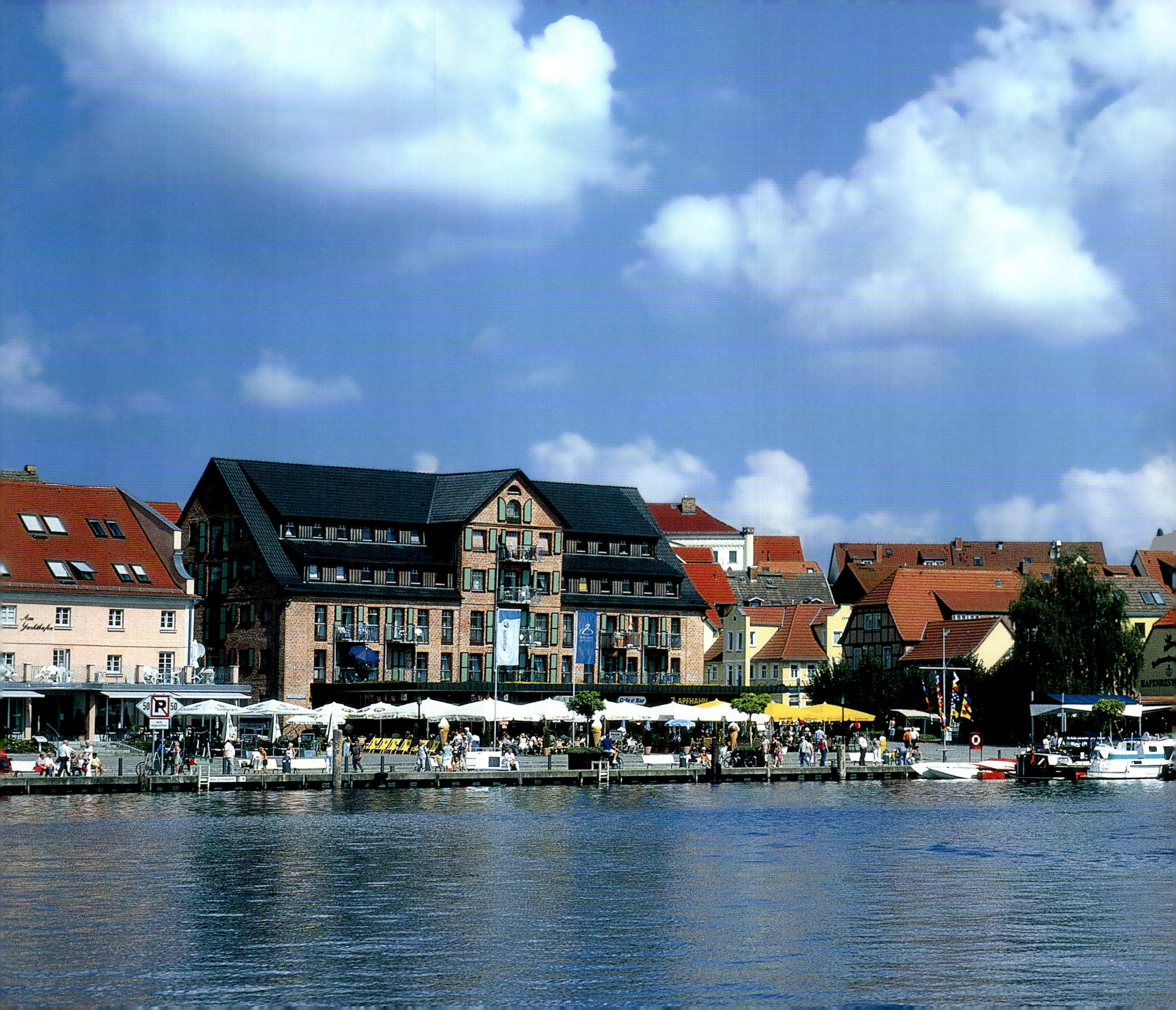
Am Yachthafen
50 P 50
Café & Bar
ZAPFHAHN

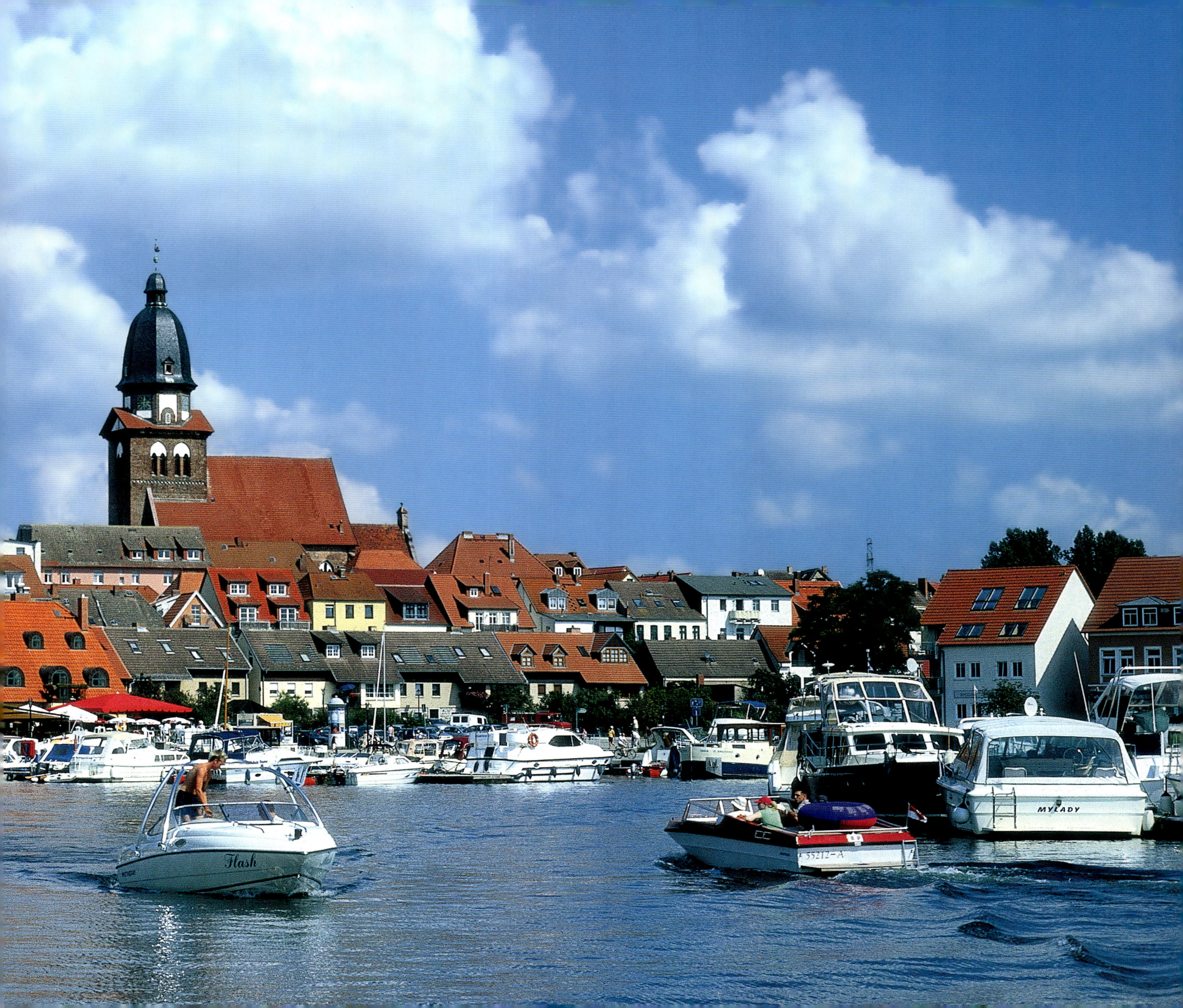
Flash
MYLADY

▲ Auch er ist Teil des Müritz-Nationalparks …

▲ Noch heute trägt Neustrelitz den Charakter der Residenzstadt – nicht nur im Schlosspark, in dem die Orangerie erhalten geblieben ist.

▲ Seit 2011 zählen sie zum UNESCO-Welterbe: die Buchenwälder Serrahns im Ostteil des Müritz-Nationalparks.

▲ Mitten im die Natur unter besonderen Schutz stellenden
Müritz-Nationalpark liegt der Schweingartensee.

▲ Am Schmalen Luzin in der Feldberger Seenplatte bringt einen die Luzinfähre über das Wasser.

▲ Vom Reiherberg hat man einen prächtigen Blick auf den Haussee,
der Teil des Naturparks Feldberger Seenlandschaft ist.

▲ Stadtmauer, Wiekhäuser und beeindruckende Stadttore (hier das Friedländer Tor): Das Zentrum von Neubrandenburg umschließt auf über 2 Kilometern Länge eine der am besten erhaltenen mittelalterlichen Befestigungsanlagen Deutschlands.

▲ Aus den Ruinen der im 2. Weltkrieg zerstörten Marienkirche entstand die 2001 eröffnete Konzertkirche Neubrandenburg – überzeugender Beleg, wie in alte Mauern neues Leben einziehen kann.

▶▶ Das Horster Moor bei Sanitz. In den letzten Jahren sind zahlreiche Flächen in Mecklenburg renaturiert worden.

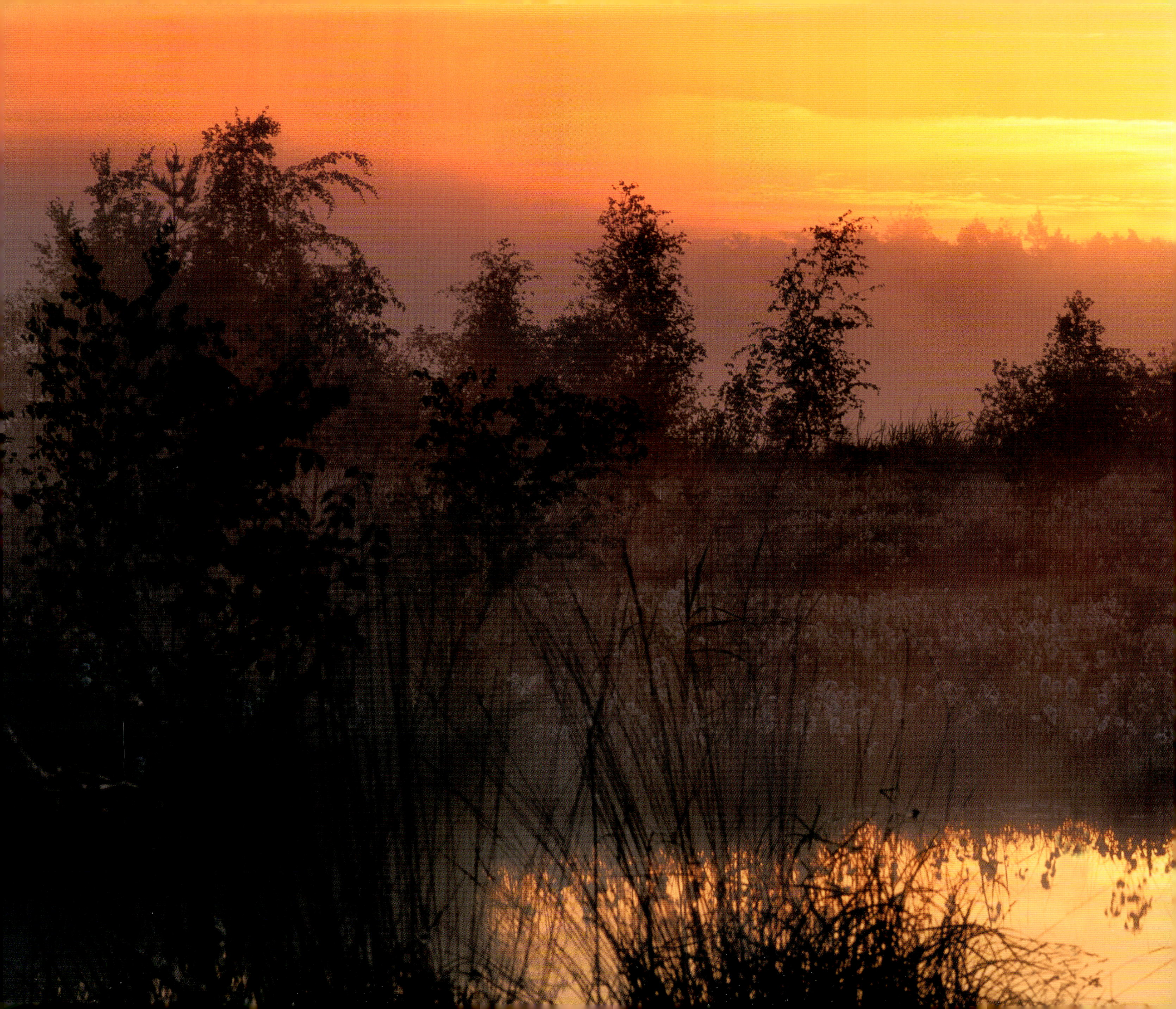

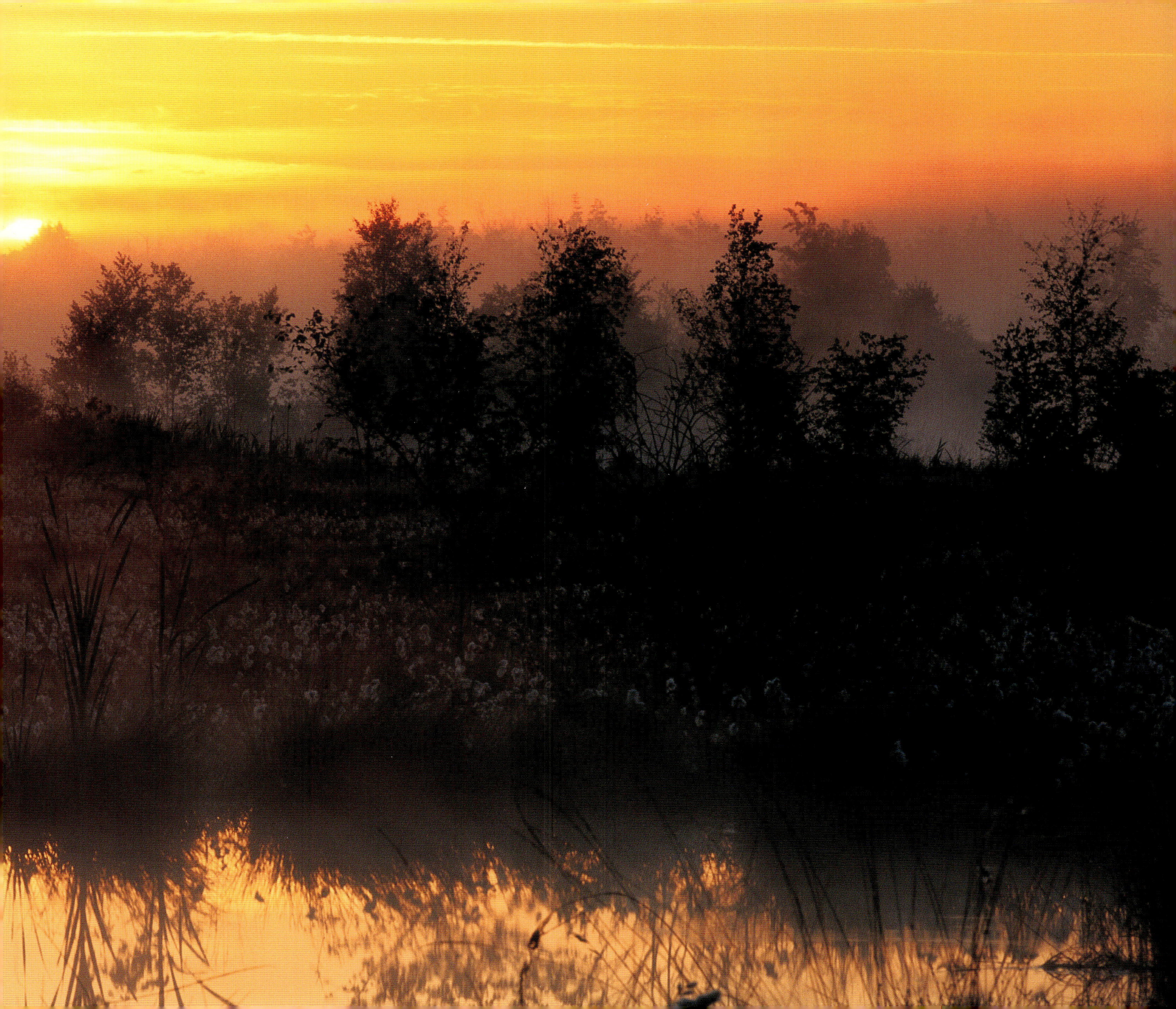

▲ Das Ostseebad Graal-Müritz bietet ...

▲ ... Sandstrand über viele Kilometer.

▶▶ Das wirtschaftliche Zentrum Mecklenburgs ist die Hansestadt Rostock.

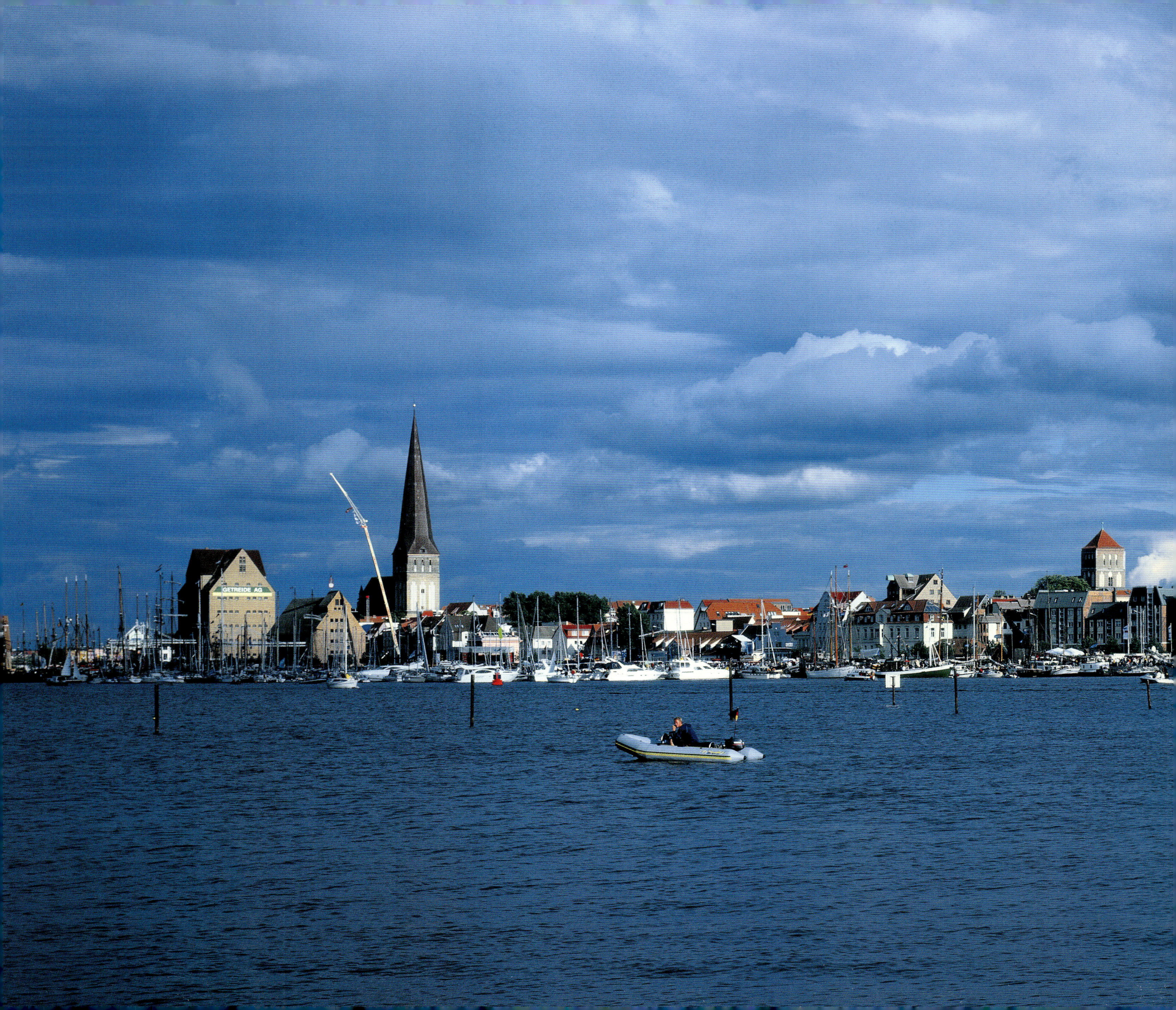

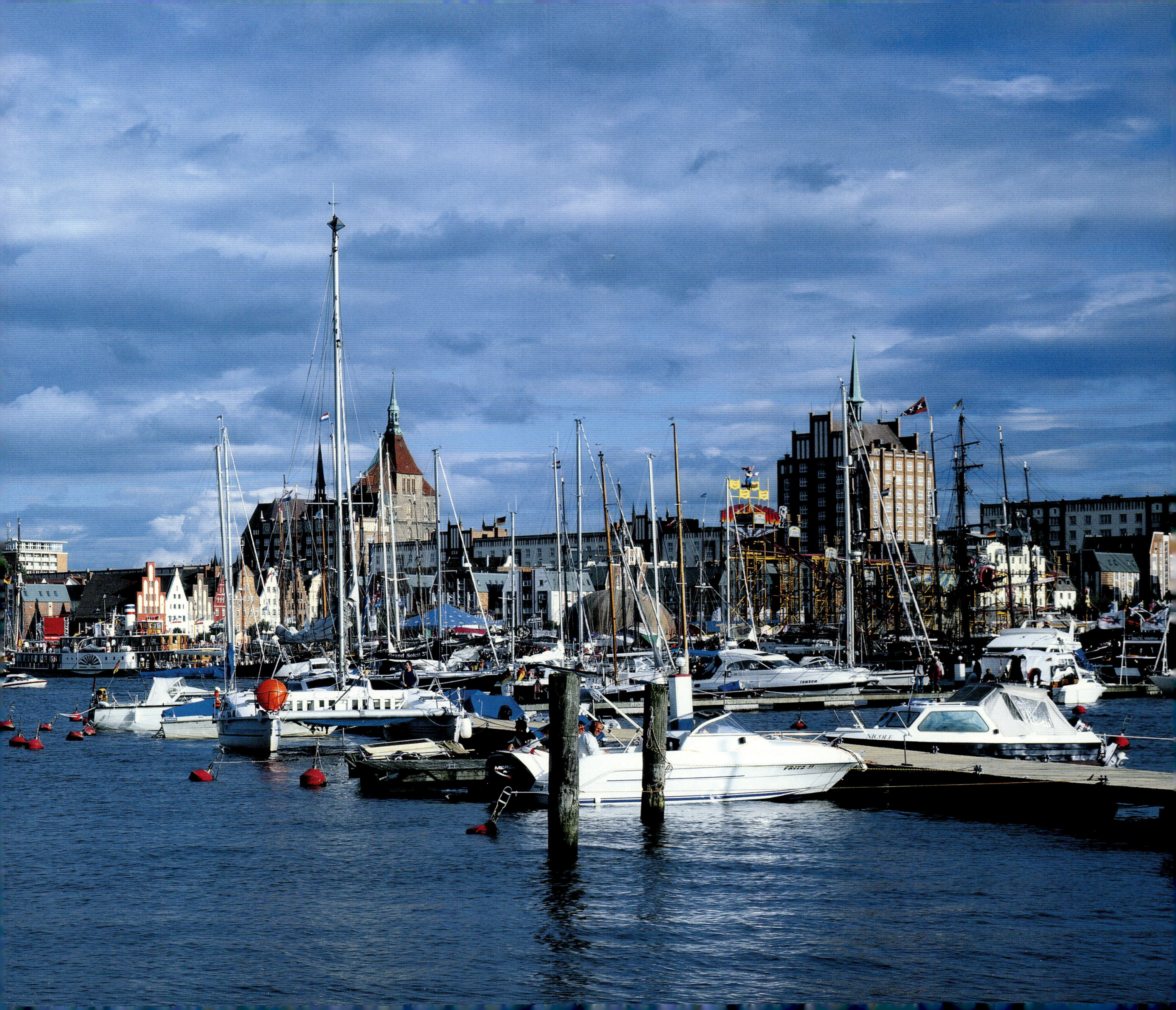

▲ Mitten in Rostock steht der Brunnen der Lebensfreude.

▲ Den Neuen Markt in Rostock dominiert das Rathaus.

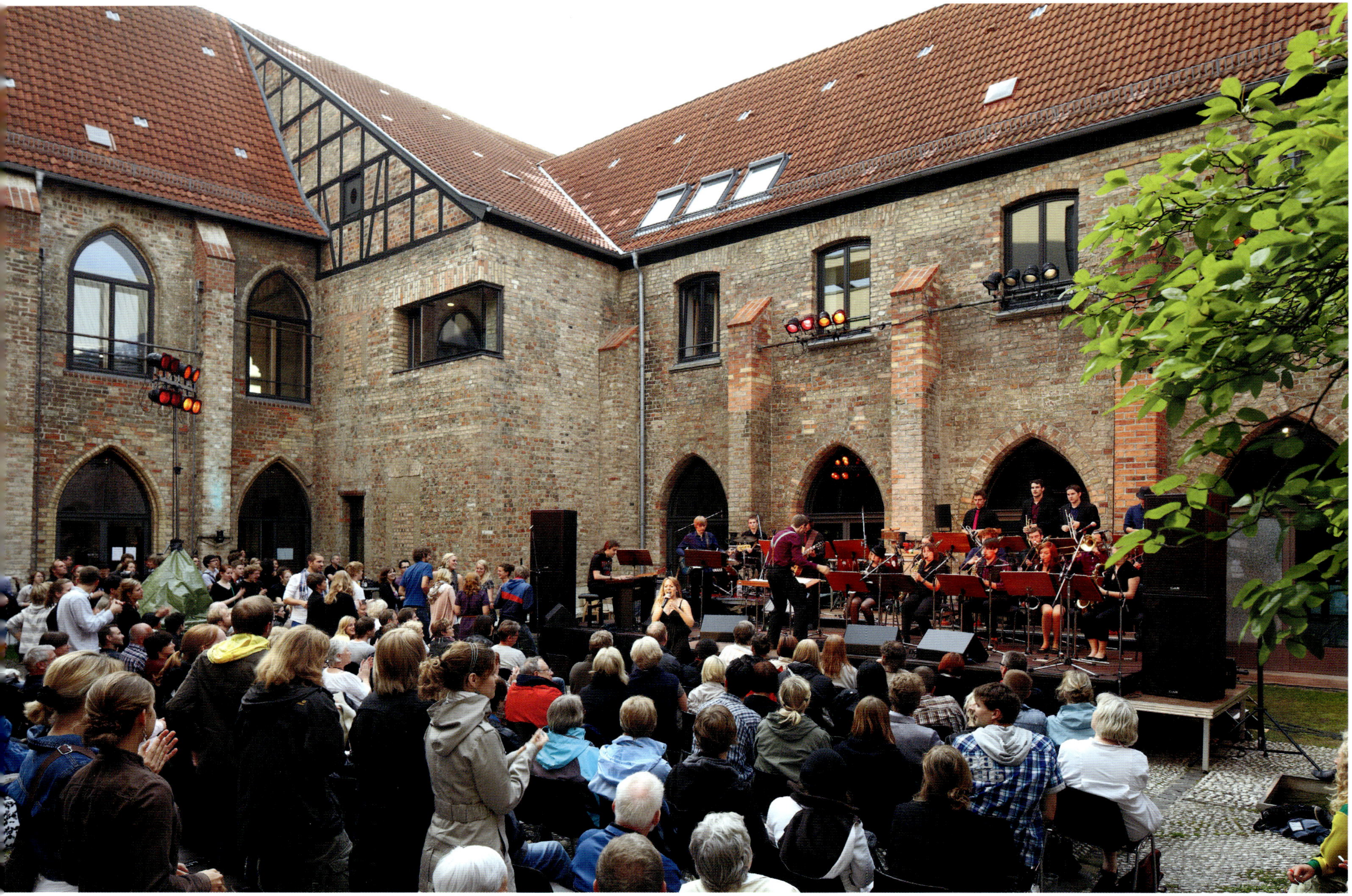

◀▲ Die Hochschule für Musik und Theater in Rostock ist nicht nur ein weit über die Region hinausstrahlendes Bildungszentrum, sondern auch ein architektonisches Juwel – eine rundum gelungene Mischung aus den historischen Mauern eines mittelalterlichen Klosters und neuer Baukunst mit einem Innenhof für Open-Air-Veranstaltungen.

▲ Nicht nur während der Warnemünder Woche finden sich zahlreiche Segler auf der Ostsee.

▲ Dutzende Kreuzfahrtschiffe machen alljährlich im Ostseebad Warnemünde fest.

▶ Alljährlich im August stehen Rostock und Warnemünde im Zeichen der Hanse Sail, dem großen Seglertreffen, das bis zu einer Million Besucher anzieht.

▲ Der Alte Strom in Warnemünde ist nicht nur Liegeplatz für Fischer- und Ausflugsboote, sondern auch eines der beliebtesten Fotomotive an Deutschlands Küsten.

▲ ▶ Alljährlich findet der Warnemünder Umgang statt, ein traditioneller Festumzug zur Eröffnung der Warnemünder Woche.

▲ Das Flair von Warnemünde macht es nicht nur zum beliebten Ausflugsort der Rostocker, sondern auch zum Reiseziel für viele Touristen aus dem In- und Ausland.

▶▶ Der Gespensterwald bei Nienhagen: Es gibt nur wenige Orte an der Ostsee, die Küstenwald in derart beeindruckender Form aufzuweisen haben.

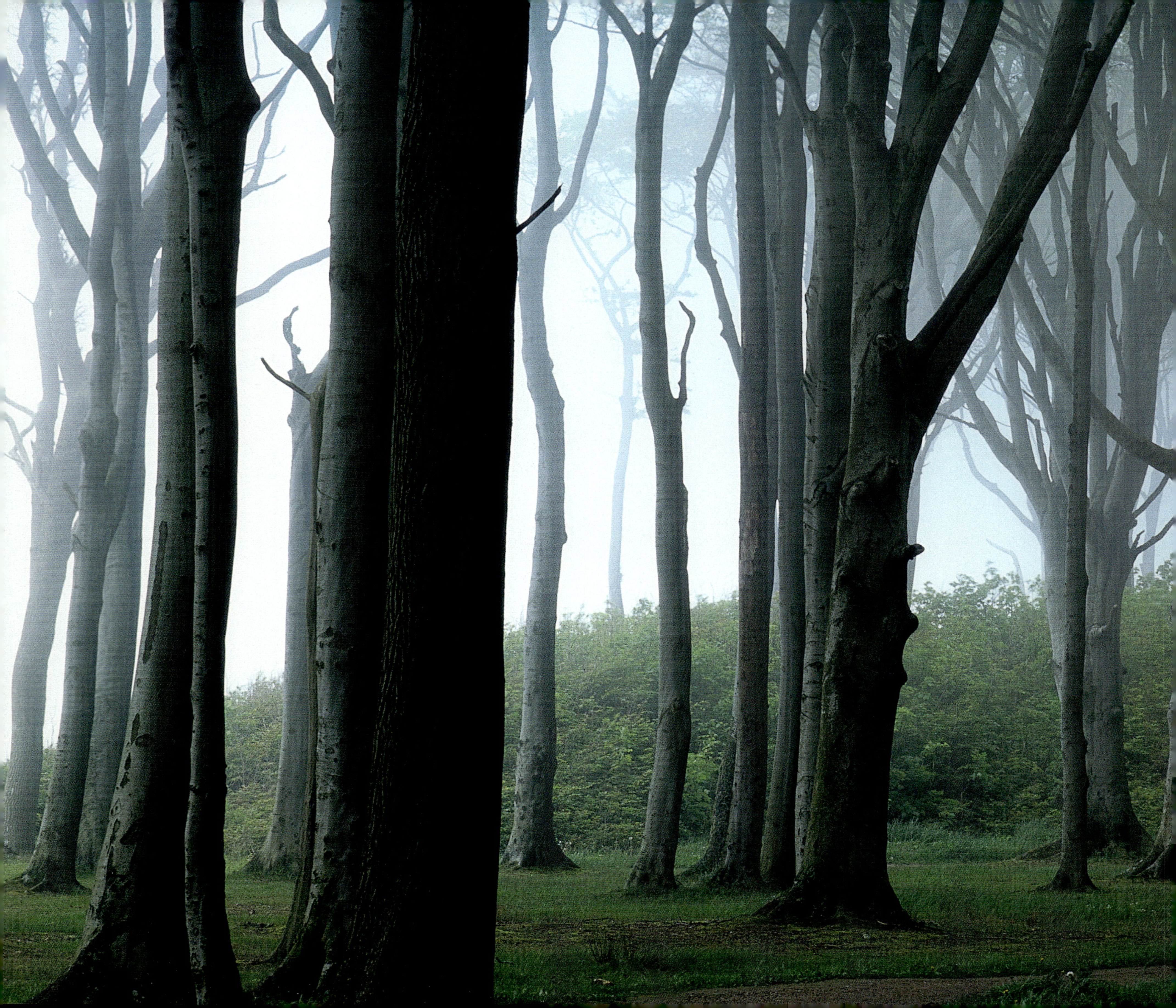

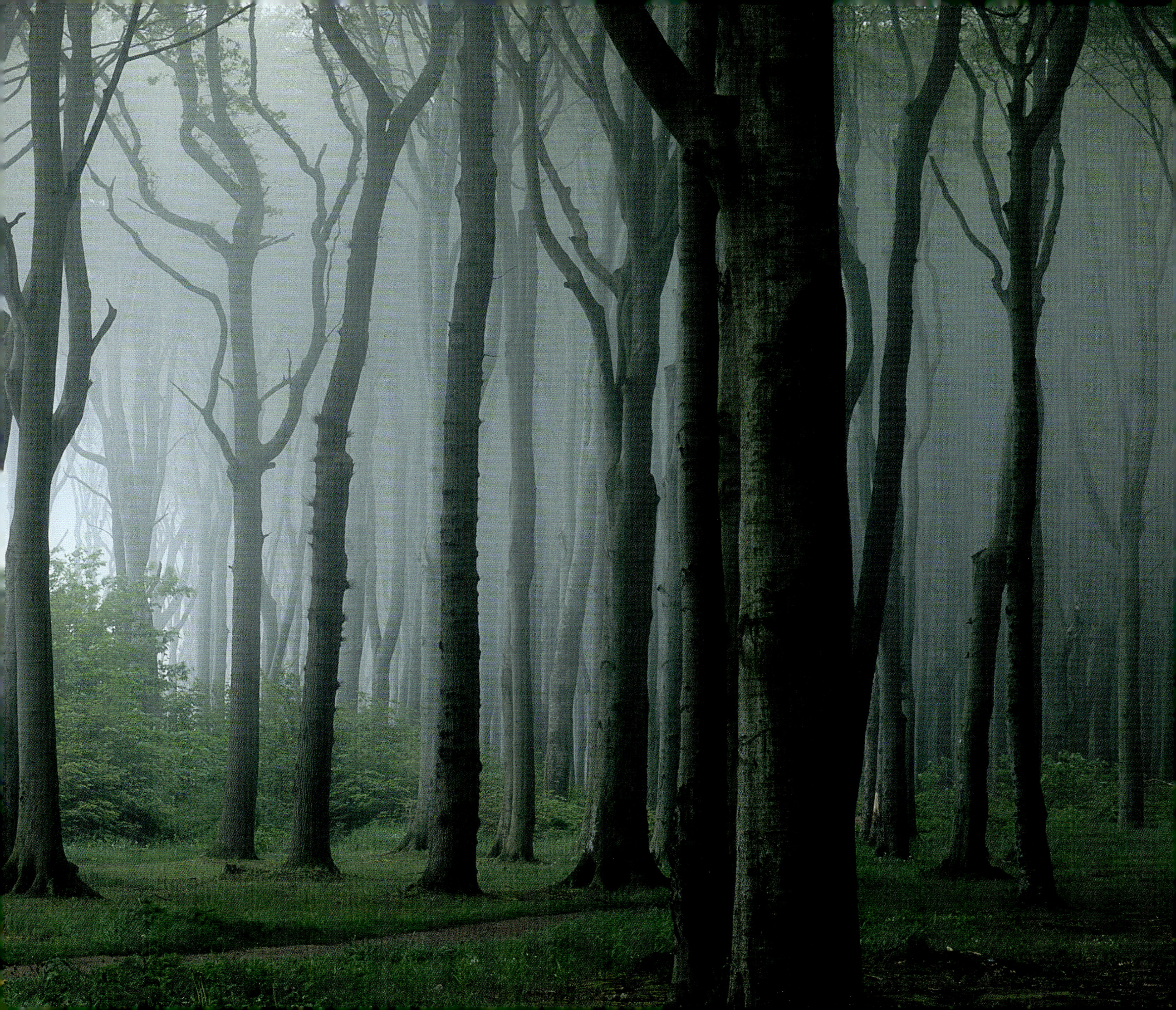

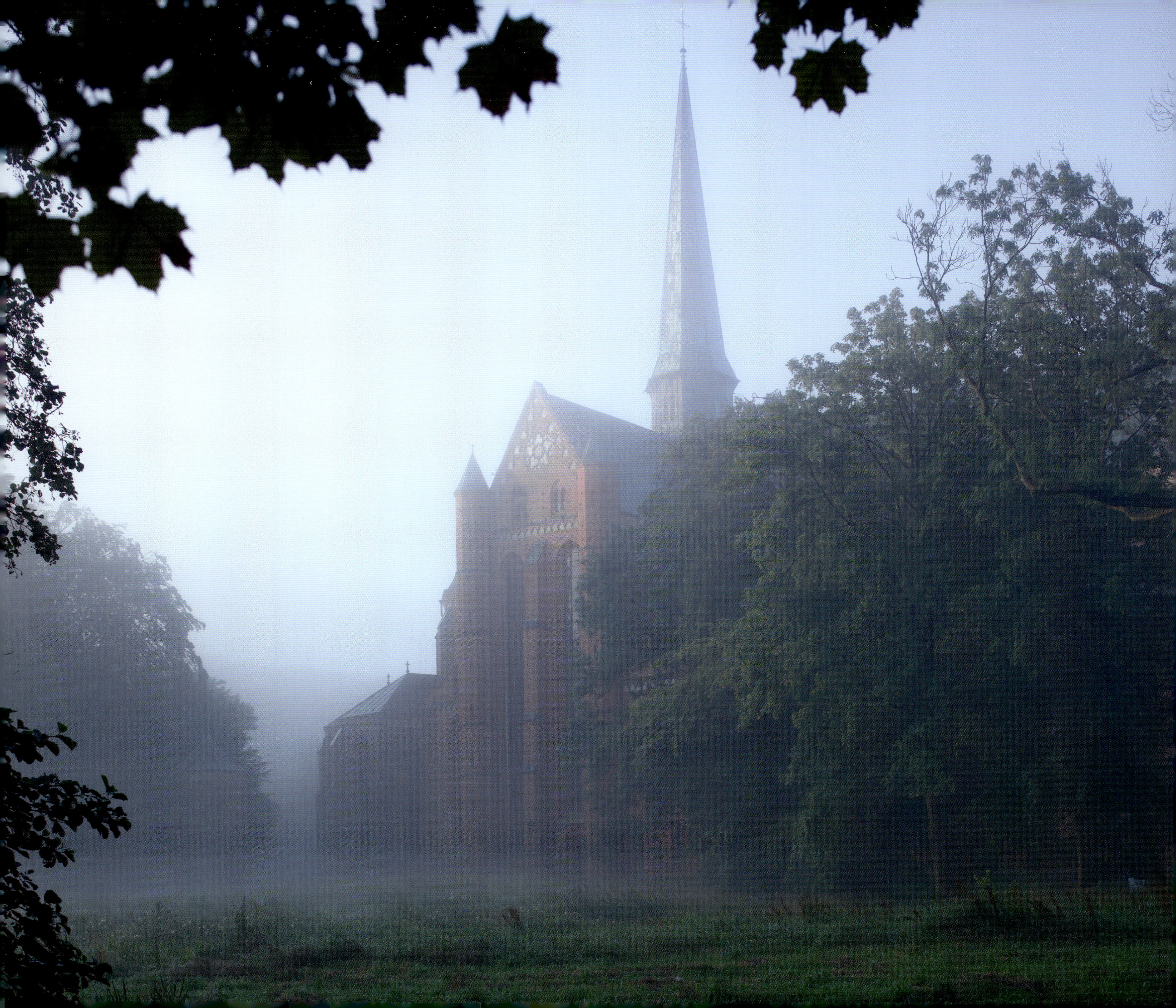

◄▲ Die Zisterzienser wählten im 12. Jahrhundert das Gebiet des heutigen Doberan zum Standort für eine Klostergründung. Nachdem die ersten Gebäude in Althof zerstört worden waren (oben die im 19. Jahrhundert umgebaute Kapelle), begann 1186 wenige Kilometer entfernt der Aufbau einer neuen Anlage, deren bedeutendstes Bauwerk das Münster ist (links).

▲ Mitten in Bad Doberan befindet sich der Kamp, eine Parkanlage, deren Mittelpunkt der Weiße Pavillon bildet.

▲ ▶ Zur jährlich stattfindenden Bad Doberaner Kulturnacht wird die Stadt in romantisches Licht gehüllt.

▲ ▶ Seit 1998 wird alljährlich in Bad Doberan der Biker-Gottesdienst abgehalten. Mittlerweile kommen über 10 000 Motorradfahrer zu der Veranstaltung.

113

▲ ▶ Die Zappanale – ein an den Musiker und Komponisten Frank Zappa erinnerndes Festival – findet seit 1990 statt, mittlerweile an der Pferderennbahn bei Heiligendamm.

▲ ▶ Die zwischen Bad Doberan und Heilgendamm liegende Pferderennbahn ist die älteste Galopprennbahn Kontinentaleuropas.

▲ ▶ Heiligendamm – oben das alljährliche Anbaden in historischen Kostümen, rechts das Kurhaus – ist das älteste deutsche Seebad.

HEIC TE LAETITIA INVITAT POST BALNEA SANUM

▲ Zwischen Bad Doberan und Kühlungsborn (oben) dampft die Mecklenburgische Bäderbahn Molli.

▲ Nicht nur in der warmen Jahreszeit, sondern auch im Winter rattert
die Bahn über die gut 15 Kilometer lange Strecke.

▲ Der naturbelassene Strand am Riedensee bei Kühlungsborn ...

▲ ... bietet noch Ruhe und Abgeschiedenheit.

▲ Die Promenade in Kühlungsborn-West und der Strand ...

▲ … gewähren genug Platz für die zahlreichen Urlauber.

▶ Die mecklenburgische Ostseeküste bietet zahlreiche schöne Strände, so an der Steilküste bei Nienhagen …

▲ ... und im Ostseebad Rerik.

▶ Bei Windstille kann auch das Salzhaff bei Rerik per Paddelboot erkundet werden.

◀ Kraniche an der Ostseeküste nahe Rostock

Die Deutsche Nationalbibliothek verzeichnet diese Publikation in der Deutschen Nationalbibliografie; detaillierte bibliografische Daten sind im Internet über http://dnb.ddb.de abrufbar.

Alle Rechte vorbehalten. Reproduktionen, Speicherungen in Datenverarbeitungsanlagen, Wiedergabe auf fotomechanischen, elektronischen oder ähnlichen Wegen, Vortrag und Funk – auch auszugsweise – nur mit Genehmigung des Verlages.

© Hinstorff Verlag GmbH, Rostock 2012
Lagerstraße 7 | 18055 Rostock
Postfach 10 10 11 | 18001 Rostock
www.hinstorff.de | https://www.facebook.com/Hinstorff Verlag

1. Auflage 2012
Herstellung: Hinstorff Verlag GmbH
Lektorat: Thomas Gallien
Titelgestaltung und Layout: Beatrix Dedek
Karte: Stefan Jarmer
Druck: optimal media GmbH
Printed in Germany
ISBN 978-3-356-01473-0

Verlag und Autoren danken dem Landesmarketing Mecklenburg-Vorpommern für die Unterstützung des Buchprojektes.
www.mv-tut-gut.de

Bildnachweis:
Seiten 50 und 51 Reinhard Münch
Alle anderen Aufnahmen: Thomas Grundner
www.foto-grundner.de

Cover: Heilgendamm (oben); Schweriner Schloss, St. Nikolai in Wismar, Landschaft bei Teterow (unten von links nach rechts)

Seite 1: Auf der Promenade in Kühlungsborn

Seiten 2/3: Warnker See

Rückcover: Ostseebad Boltenhagen